KB273488

피터 드러커가 직장 생활을 한다면?

_______________________ 님께

당신은 회사가 붙잡는 능력 있는 직장인입니다.

_______________________ 드림

피터 드러커가 직장 생활을 한다면?

모리오카 겐지 지음 | 한혜정 옮김

KOREA.COM

비즈니스를 뛰어넘어 더 나은 사회를 만드는 드러커 이론

'매니지먼트'라는 말을 들으면 비즈니스나 경영을 떠올리는 사람이 많다. 일반적으로 매니지먼트라 하면 기업의 이윤을 높이거나 규모를 확장시키기 위한 활동이라는 이미지가 강하다. 하지만 '매니지먼트의 아버지'라 불리는 피터 드러커는 매니지먼트를 차별화된 의미로 사용했다.

드러커가 매니지먼트에 대한 연구를 체계화하기 시작한 때는 미국의 자동차 회사 제너럴모터스(GM)를 컨설팅하면서부터다. 그 후에도 드러커는 다수의 기업을 컨설팅하면서 매니지먼트에 대한 이론을 정리해 나갔다.

그의 매니지먼트는 비즈니스나 경영과는 다른 방향을 추구하고 있었다. 드러커의 시선은 **그 너머에 있는 사회**를 향해 있었다.

1909년 오스트리아 빈에서 태어나 유럽에서 청년기를 보낸 드러커는 두 번의 세계대전을 겪었다. 20대 초반에는 신문기자로서 히틀러를 직접 취재하기도 하며, 독일의 나치스 독재정권이 무시무시한 속도로 사회와 문명을 파괴해 가는 실상을 피부로 느꼈다. 그런 드러커에게 유대인 대량 학살이라는 비극을 낳은 사회와, 그 비극을 초래한 인간의 심리 및 행동 양태는 언제나 커다란 관심사였다.

'어떤 조직, 어떤 사회가 사람을 행복하게 할 수 있을까?'

이 질문이 드러커의 생애를 관통하는 문제의식이었다. 그러나 그는 사회를 객관적으로 분석하는 자세 또한 결코 잃지 않았다. 드러커는 그가 열세 살 때의 에피소드를 이야기한다. 조국 오스트리아의 공화국 기념일에 시위운동의 선두에 섰던 드러커는 불현듯 대열에서 빠져 나와 집으로 돌아가 버렸다고 한다. 이후로 그는 사회운동으로서가 아니라 어디까지나 자기의 강점인 글쓰기를 통해 사회를 바꿔 나가겠다는 자각을 갖게 된 것이다.

드러커의 매니지먼트를 논할 때에 그가 경영학자였다는 사실에만 주목하기 쉽다. 그러나 그의 사고방식을 제대로 이해하고자 한다면 **다음 사회(Next Society)**에 대한 그의 의식을 주시할 필요가 있다. 그에게 **매니지먼트란 단순한 비즈니스 용어가 아니다. 새로운 사회를 구축해 나가는 데 반드시 필요한 사고방식**이다.

이 책에서는 이러한 드러커의 개인적 배경도 참고하여 직장인들에게 도움이 될 만한 드러커 이론을 알기 쉽게 풀어 놓았다. '매니지먼트'가 드러커 일생의 테마였다는 점에도 입각하여 그의 저서를 최대한 폭 넓게 참조했으므로, 드러커가 말하는 매니지먼트와 사회에 대한 시각을 포괄적으로 파악할 수 있을 것이다.

이 책을 통해 드러커를 배우고 각자의 강점을 살려 활약함으로써 더 나은 사회를 만들기 위해 함께 노력했으면 한다.

—모리오카 겐지

이 책의 사용법!

이 책은 다섯 단계로 이루어져 있다. 각 파트는 '직장인' '경력 사원' '팀장' '중역' '혁신 리더' 등 직장인의 성장 단계에 맞추어 구성되어 있다. 일단은 맨 처음부터 순서대로 읽기를 권한다. 47개의 장으로 풀어 놓았고, 장 제목은 각 파트에 해당하는 직장인들의 공통된 고민을 담고 있다. 본문은 그러한 직장인의 고민에 대한 드러커의 해설이 이어진다.

각 파트의 마지막에는 '키워드로 배우는 드러커 매니지먼트'와 '함께 읽으면 좋은 드러커의 책'을 실었다. 각 파트에 등장한 핵심 용어를 한 번에 복습하고, 자세한 내용은 관련 도서를 통해 더 공부할 수 있다. 이 책에서 언급되는 단어들은 대부분 피터 드러커의 책에서 언급된 키워드이다.

(이 책에 들어간 일부 본문 및 예화는 한국 상황에 맞게 수정되었음을 알린다.)

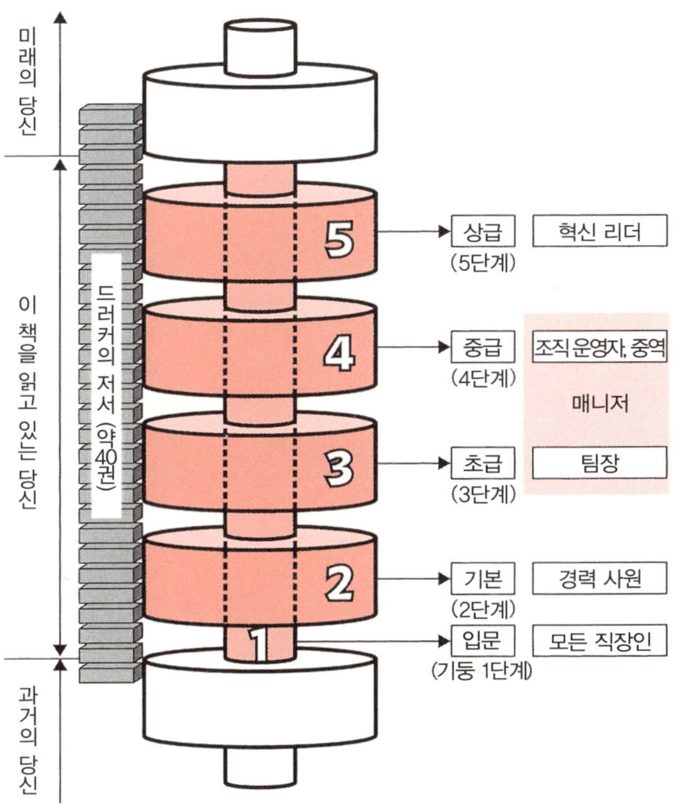

Part 3.
드러커에게 배우는 팀장을 위한 매니지먼트 – 초급 • **89**

Part 5.
드러커에게 배우는
혁신 리더를 위한 매니지먼트 – 고급 • *197*

Part 1

드러커에게 배우는

모든 직장인을 위한
매니지먼트 입문

드러커 매니지먼트 입문편.
기초부터 고급까지 관통하는 매니지먼트의
핵심 정신으로서, '일의 기본'에 대해 배운다.

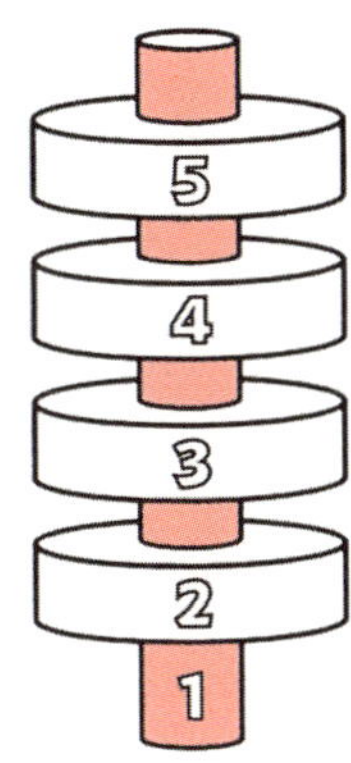

이 파트에서 익힐 내용

이 파트에서는 직장인으로서 갖추어야 할 올바른 매니지먼트 정신을 배워 보자. 각자 자신의 인생과 사회를 한층 발전적으로 변화시키기 위한 자세를 내면에 구축해 보자.

● **매니지먼트의 기반이 된 드러커의 일곱 가지 인생 경험**

드러커의 매니지먼트 이론에는 그가 초등학교 때부터 40대에 걸쳐 겪었던 **일곱 가지 중요한 인생 체험**이 바탕에 깔려 있다. 드러커가 본인의 인생을 회고하며 밝힌 일곱 가지 경험은 다음과 같다.

(1) 유명 음악가 주세페 베르디의 에피소드: 드러커는 여든 살이라는 나이에도 완벽한 음악을 만들고자 노력했던 작곡가 베르디의 태도에 감명을 받았다.

(2) 고대 그리스 조각가 페이디아스의 이야기: '하늘이 보고 있다'며 조각품의 뒷면까지 소홀히 다루지 않았던 페이디아스 이야기에 또한 감명을 받았다.

(3) 3~4년마다 주제를 바꾸는 공부법: 드러커는 프랑크푸르트에
서 신문기자로 일하던 시절에 이 공부 방법을 터득했다.

(4) 상사와의 면담: 신문기자 시절 드러커는 편집장에게 업무 상
황을 정기적으로 재점검하는 지도를 받았다.

(5) 조직이 원하는 일을 제공하는 것: 이직 후에도 전 직장과 똑같
은 방식으로 일을 하던 드러커는 상사로부터 '지금 이 자리에
서 요구하는 일을 하라'라는 지적을 받았다.

(6) 사전 예측과 사후 성과를 비교하는 피드백 활동: 15, 16세기의
유럽을 연구하던 드러커는 유럽의 지배적인 두 조직이 바로
이러한 피드백 활동을 사용해 발전했음을 발견한다.

(7) 경제학자 슘페터와의 만남: 아버지 아돌프와 함께 경제학자
슘페터를 방문했을 때, 드러커는 '어떤 사람으로 기억되기 바
라는가'라는 말의 의미를 깨달았다.

이 에피소드와 연관지어 드러커 매니지먼트의 기본을 살펴보자.

Step 1
왜 일하는가?

😧 일의 의미를 못 찾겠다. ▶▶

뚜렷한 목표 없이 직장을 구하고 일을 시작했습니다. 막상 일을 시작하고 보니 왜 이 일을 하고 있는지 모르겠습니다. 일에 대한 보람이 느껴지지 않습니다. 일을 하고 싶은 의욕이 나질 않습니다. 나는 왜 일을 해야 할까요?

일하는 의미에 대해 생각해 보자

누구나 많든 적든 일이 뜻대로 풀리지 않거나 의욕이 나지 않을 때가 있다.

하지만 일에 대해 의욕이 없고 보람이 느껴지지 않는다고 해서 사회나 타인의 탓으로 돌린다면 문제는 해결되지 않는다.

우리는 인생 대부분의 시간을 일하며 보낸다. 사람은 왜 이렇게 끊임없이 일하는 것일까? 그 이유를 생각해 보자.

노동의 기본은 공헌이다

한 번이라도 일을 해본 적이 있는 사람이라면 일을 마친 뒤 '감사합니다'라는 인사를 받았을 때 기쁨을 느낀 경험이 있을 것이다. 드러커의 이론에 따르면 노동의 기본자세는 **공헌(貢獻)**이다. **공헌이란 타인에게 도움을 주는 행위**다. 직장 동료나 어려움에 처한 사람을 돕기 위해 자진해서 일을 맡는다든지 하는 행동 말이다. 일의 **결과**는 나 자신 또는 조직이나 외부로 돌아간다. 즉 상사, 동료, 고객, 거래처가 우리가 일한 결과의 수혜자가 된다. 그들이 만족할 때 그 일은 **성과**로서 인정받게 되고 동시에 우리는 보람을 느낀다. '좀 더 좋은 결과를 내야겠다' '더 도울 것이 없을까' '더 큰 기쁨을 주고 싶다' 등 이런 의욕이 자연스레 솟는다.

이렇게 사람들에게 기쁨을 주는 일을 적극적으로 찾는 노력도 중요하다. 보람 있는 일을 스스로 찾아서 해보라. 그리고 맡은 일에 대해서는 가능한 성과를 내도록 하자. 그 성과로 상대방이 기뻐한다면 그로써 어엿한 공헌이 된다.

당신은 어떤 사람으로 기억되고 싶은가?

드러커가 60년 만에 동창회에 참석했을 때의 일이다. 그곳에 모인 친구들은 모두 열세 살 때 종교 과목 선생님으로부터 들었던 질문 하나를 기억하고 있었다고 한다. 바로 **'여러분은 죽어서 어떤 사람**

으로 기억되고 싶습니까?'였다. 이 질문에는 노동과 사회 공헌의 관계를 생각하는 데 매우 중요한 포인트가 들어 있다.

가령 '가난한 고향의 발전을 위해 힘쓰고 싶다'는 뜻을 품은 사람은 일할 때나 공부할 때 하루하루의 자세가 달라질 것이다. 더 이상 빈둥빈둥 의미 없이 시간을 보내지 않게 되고 관심을 기울이는 대상이나 시간 사용법도 달라진다. 이처럼 생활 방식, 업무 방식에 자기 뜻에 맞는 방향성이 잡히면 상사나 동료, 거래처에도 만족을 주게 되고 그들로부터 받는 평가도 높아진다. 나아가 자기 자신의 새로운 면모도 발견할 수 있게 된다.

드러커는 슘페터(경제는 기업가의 개혁에 의해 발전한다고 주장한 오스트리아 출신의 경영학자)와 나눈 대화를 통해 다음과 같은 교훈을 얻었다. '어떤 사람으로 기억되고 싶은가?'라는 질문에 대한 대답은 나이에 따라 바뀌어 가야 하며, 이 질문의 진정한 가치는 사람들의 인생에 바람직한 변화를 일으킨다는 점에 있다는 것이다. 이 질문을 끊임없이 자문자답하며 위대한 경영학자로 성장한 드러커처럼 우리도 사회에 공헌하겠다는 뜻을 품고 계속해서 일에 정진해야 한다.

대체 나는 왜 이 일을 하는 거지?
보람이라는 게 뭐야……?
무슨 일을 해야 하지?

공헌
감사
'어떤 사람으로 기억되고 싶은가'라는 질문을 스스로에게 끊임없이 해왔습니다.

이 기술을 세계로 퍼뜨리자!
우리 회사를 발전시켜야지!
미소로 주변을 밝히고 싶어!

Step 2
원치 않는 **부서**에 배치 받았다

동료들에게 인정받고 싶다. ▶▶

이번 인사이동에서 원하지 않은 부서로 가게 되었습니다. 낯선 부서에 가면 새로운 일을 맡겠지만 잘 적응해서 동료들에게 인정을 받고 싶습니다. 익숙하지 않은 업무가 걱정되는데 앞서 일했던 부서에서처럼 하면 될까요? 아니면 새로운 노력이 필요한 걸까요?

이번 인사는 기회일지도 모른다

원치 않는 부서로 인사이동 되었다면 참 괴로울 것이다.

인사 결정에는 여러 가지 요인이 복잡하게 얽혀 있기 때문에 명확하게 그 배경에 대해 알 수 없을 때가 많다. 그런 의미에서는 역경이라고도 할 수 있다.

하지만 이 어려움을 극복하여 기회로 바꾼다면 회사에서 인정을 받고 자신도 큰 자신감을 얻게 된다.

지금 요구되는 일이 무엇인가 생각하라

20대 중반에 드러커는 런던의 한 은행으로 이직했다. 그 새로운 직장으로 옮겨서도 드러커는 예전에 일했던 증권 분석가와 똑같은 방식으로 일했다. 그러자 상사는 "우리가 지금 자네에게 무엇을 요구하는지 생각하게!"라며 호되게 꾸짖었다고 한다.

새 직장으로 옮겼으니 새로운 일을 해야 하는 것은 당연한 이치지만 드러커는 이 꾸중을 듣고서야 비로소 교훈을 얻었다. 새 직장에서 좋은 성과를 내려면 **거기서 요구하는 중요한 업무에 집중해야 한다**는 것이었다. 내가 원하는 일이든 아니든 일의 기본은 똑같다. 새로운 일터에 온 이상 '여기서 성과를 내려면 어떻게 해야 할지' 먼저 스스로 곰곰이 생각해야 한다.

또한 회사의 목표와 과제, 자신에게 부과된 목표, 자기에게 요구되는 성과를 상사에게 묻는 것도 중요하다. 그렇게 하면 상사도 분명 '다른 건 몰라도 이 부분은 확실해야 한다' 하는 식으로 업무의 요점을 명확히 알려줄 것이다. 그 다음에는 그 일에 집중하여 좋은 결과를 내기 위해 노력하기만 하면 된다.

성과를 내기 위한 기본은 '목표 설정 → 결과 확인'

새 직장에서 좋은 평가를 얻으려면 업무에서 성과를 내야 한다. 무슨 일이든 '무엇 때문에 그 일을 하며 어떤 결과를 바라는가'라는

목적이나 **비전**이 있다. 이와 더불어 목적을 언제까지 이룰 것인지 구체적인 기한과 **목표**를 정해야 기대하는 만큼의 성과를 얻을 수 있다.

예를 들어 영업부에서는 달성해야 할 연 매출액을 정하고 그 액수를 실현하기 위해 월 매출 목표와 영업 활동을 계획한다. 일의 진척 상황에 대해 매주 체크하며 매출 목표와 활동 계획, 그리고 그 결과를 비교하여 다음 달 이후의 목표와 계획을 재정비할 것이다.

드러커도 젊은 시절, 신문사에 근무할 때 이와 같은 작업을 꾸준히 했다. 업무 상황에 대해 상사인 편집장과 매주 면담했고, 1년에 두 번은 개선할 점이나 공부해야 할 과제에 대해 논의했다고 한다. 이런 체험을 바탕으로 드러커는 **현재 업무의 목표와 성과에 대해 정기적으로 상사와 체크하는 일**이 매우 중요하다고 말한다.

원치 않는 부서에 배치 받았다

○○부3
초조
불안
불만
무슨 일을 해야 하지?
어떤 부서든지 업무의 기본은 같아요. 자기에게 뭘 요구하는지 파악하는 거죠!
언제까지
어떤 성과를 낼 것인가
무엇 때문에
이를 위해 할 일은……
'목표 검토와 달성 사항 평가' 일찍이 내가 터득한 요령입니다.
목표와 진행 상황을 보고
상사와 정기적으로 대화하기

Step 3
라이벌에게 지고 싶지 않다

빨리 출세하고 싶다. ▶▶

저와 함께 입사했던 친구가 이번에 저보다 먼저 진급했습니다. 연봉도 더 올라갔습니다. 동기나 라이벌에게 지고 싶지 않습니다. 어떻게 하면 빨리 진급할 수 있을까요? 어떻게 하면 남들보다 더 빨리 출세할 수 있을까요?

처세보다 중요한 것

동기나 라이벌이 '처세술'로 성공했다고 해도, 요즘 사회는 그렇게 호락호락하지 않다. 출세에 실력이 뒷받침되지 않는다면 계속 승승장구할 수 있을지 장담할 수 없다. 일은 마라톤과 같다. 유종의 미를 장식할 수 있는 방식으로 라이벌을 따돌려야 한다.

업무 실력은 '책임'에 달려 있다

과장이나 부장으로 빨리 진급하고 싶어 하는 사람이 있다. 그런 목표가 나쁘다고는 할 수 없지만 '무슨 수를 써서라도 출세하겠다' 는 동기와 결부된다면 위험하다.

예를 들면 기업이 성과를 정직하게 보고하지 않고 거짓으로 이익을 만들어 내거나 재무 상태를 왜곡해서 영업 실적을 부풀리는 '분식결산'이라는 것이 있다.

이러한 일들은 대부분 이기적인 매출, 이익지상주의 때문에 발생한다. 조직의 경영자나 간부들이 '무슨 수를 써서라도 출세하겠다' 라는 의식을 가지고 조직을 운영했기에 그처럼 무책임한 일을 저지르는 것이다.

경영 간부나 사원들의 업무 태도를 관찰하고 서로 견제하게 하며 조직이 반사회적인 행위를 저지르지 않도록 미연에 방지하는 내부 견제가 필요하다.

이 점에 있어 드러커는 **직함보다도 책임을 중시하는 업무 자세, 동료의 모범이 되는 업무 태도**를 중시한다.

쉬지 말고 완벽을 추구하라

열여덟 살, 함부르크대학의 근로 학생이었던 드러커는 유명한 작곡가 베르디의 오페라를 보고 감격한다. 어렸을 때부터 책벌레라 불렸던 드러커는 곧장 베르디에 대한 책을 찾아보았다. 베르디는 여든이라는 고령의 나이에도 완벽한 음악을 만들기 위해 끊임없이 노력했고 〈팔스타프〉라는 역작을 남겼다. 이 사실을 알게 된 드러커는 더 깊은 감동을 받았다.

이 무렵 드러커는 그리스의 조각가 페이디아스에 대한 에피소드도 접하게 된다. 페이디아스에게 조각을 의뢰한 아테네의 재무관이 '조각의 뒷부분은 어차피 사람들한테 안 보인다'며 작품료를 깎으려 하자 그는 **'하늘이 보고 있다'**고 대답했다고 한다. 남들에게는 보이지 않는 부분까지 완성하고자 한 그의 성실함과 완벽함에 드러커는 깊은 감동을 받았다.

두 인물의 자세를 통해 드러커는 **평생토록 완벽을 추구하리라** 다짐했다. 그리고 《기업의 개념 *Concept of the Corporation*》의 출간을 시작으로 본격적으로 매니지먼트 문제에 뛰어들었고, 이후 그의 매니지먼트 연구는 평생에 걸쳐 이어졌다.

드러커의 인생 자체도 '성공이란, 출세 따위가 아닌 자기 일에 책임을 지는 태도이며 끊임없이 완벽을 추구하는 자세'라고 말해 준다.

라이벌에게 지고 싶지 않다

저 녀석한테는 절대로 안 져.

하늘이 보고 있다

끝없는 완벽 추구

젊은 시절 마음으로 맹세했습니다.

완벽
성실
책임

직함에 연연
성과 부풀리기
무책임한 일 처리

일의 성공은 책임에 달려 있습니다!

완벽
성실
책임

완벽을 추구합시다.

직함에 연연
성과 부풀리기
무책임한 일 처리

Step 4
강점을 더 키우고 싶다

회사가 학벌을 중시한다. ▶▶

우리 회사에는 학벌이 좋거나 유학을 다녀온 사람이 많습니다. 이런 주변 환경에도 기죽지 않고 뭐든지 척척 해내면서 실력을 발휘하고 싶습니다. 다양한 도전도 해보고 싶은데 어떻게 하면 될까요?

학벌만이 무기가 아니다

좋은 학벌은 분명 강점이 된다. 그러나 사회생활을 할 때 학벌이라는 장점이 언제까지 유지될지는 모른다. 오히려 사회에 나와서부터 얼마나 자기를 성장시켰는가, 얼마나 다양한 경험을 쌓았는가, 또는 학벌 이외의 강점이 얼마나 있느냐가 더 중요하다.

성과를 통해 강점을 안다

드러커는 초등학생 시절 담임 선생님의 지도를 받아 플래너를 기록하게 된다. 계획을 세우고 계획대로 잘 실행했는지 기록하여 확인하는 방식이었다. 계획을 수행하면서 잘된 일과 잘되지 않은 일을 쓰면서 자신의 특기를 발견하고 발전시킬 수 있었다. 수첩만 있으면 누구나 당장 실천할 수 있다. 말하자면 잘된 일, 즉 **성과를 통해 자기 강점을 파악**하는 원리다.

훗날 드러커는, 유럽의 지배적인 두 조직인 예수회(1534년 파리에서 창설된 가톨릭 수도회)와 칼뱅파(칼뱅이 주창한 교리를 바탕으로 발전하였으며 기독교 개혁을 추진한 종파 중 하나)에서도 이와 비슷한 방법을 사용했다는 사실을 발견한다.

그것은 바로 중요한 일을 시작할 때 먼저 예상되는 결과를 적어두고 일정 기간이 지난 뒤에 실제 결과와 비교하는 것이다. 일반적으로는 이를 **피드백**이라 부른다. 일을 시작하기 전에 예측해 놓은 목표가 최종적으로 달성되었다면 그 방면에 소질이 있음을 분명히 알 수 있다.

● ● ●
강점이란 그릇(수용력)이다

드러커는 강점이란 **그릇(capacity, 수용력)**이라고 말한다. 즉 기술이나 기능적인 무엇이 아니라 특기 분야에 대한 적응력, 포용력이라는 것이다.

강점의 의미를 단순히 '할 수 있다' '못한다'라는 면으로만 강조하면 학벌지상주의처럼 그릇된 경쟁의식을 부추기게 된다.

그릇은 크기도 쓰임새도 제각각이지만 저마다 다른 목적과 가치가 있다.

강점을 계속 계발할 수 있다

프랑크푸르트에서 신문기자로 일하던 청년 드러커는 방대한 양의 독서와 공부를 하면서 **3~4년마다 관심 주제를 바꾸어 새로운 연구 과제에 뛰어드는 공부법**이 얼마나 효과적인지 알게 된다.

드러커는 그 후에도 평생 동안 이 공부법을 관철했다. 드러커는 이 방식으로 공부하면서 **자기를 끊임없이 성장시켰다**고 말한다. 이렇게 공부하면, 한 번 자기 강점을 발견한 뒤에도 또 다른 강점을 개발할 수 있다. 나아가 새로운 강점도 만들 수 있다.

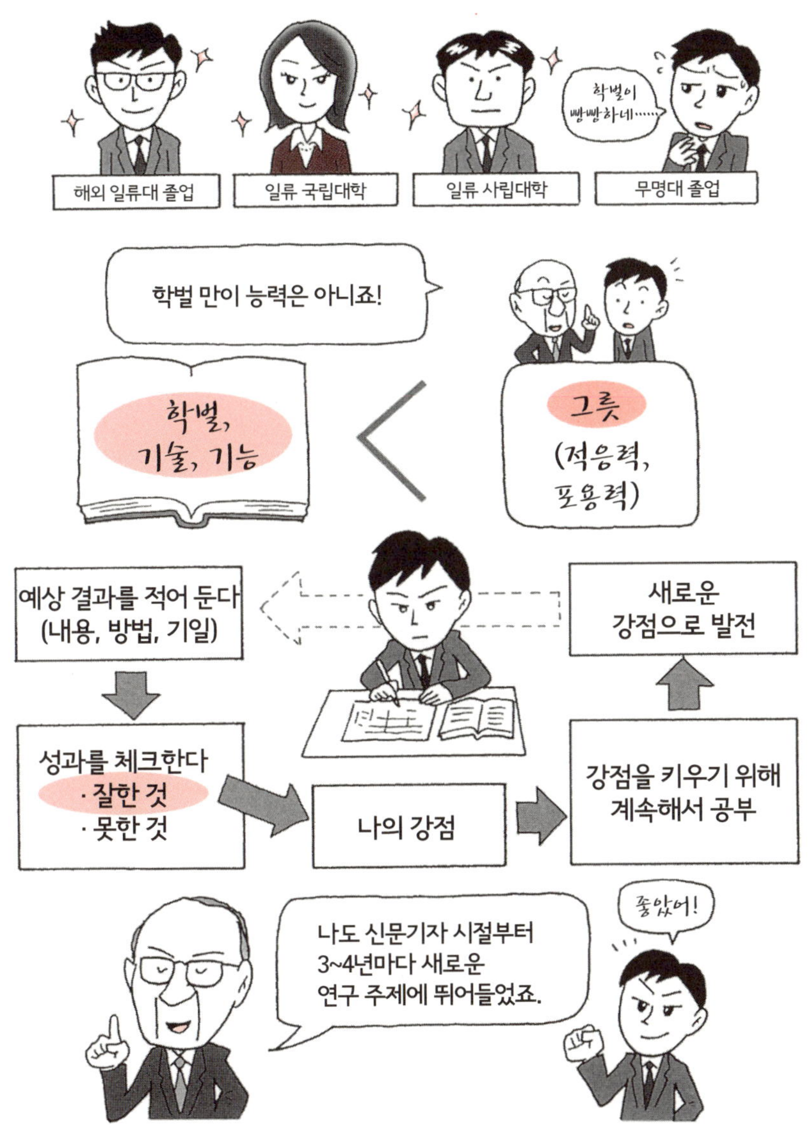
해외 일류대 졸업
일류 국립대학
일류 사립대학
무명대 졸업
학벌이 빵빵하네……
학벌 만이 능력은 아니죠!
학벌, 기술, 기능
그릇 (적응력, 포용력)
예상 결과를 적어 둔다 (내용, 방법, 기일)
새로운 강점으로 발전
성과를 체크한다
· 잘한 것
· 못한 것
나의 강점
강점을 키우기 위해 계속해서 공부
나도 신문기자 시절부터 3~4년마다 새로운 연구 주제에 뛰어들었죠.
좋았어!

Step 5
어떤 일부터 손대야 할까?

우유부단해서 힘들다. ▶▶

상사는 회의 자료를 만들라, 고객은 뭔가 좋은 제안을 해달라, 선배는 기획서를 도와 달라, 경리부는 출장 경비 산정을 빨리 끝내라……. 여기저기서 온갖 일들이 밀려듭니다. 정작 '다음 달 영업 계획 수립'이라는 내 일은 시작도 못했어요. 대체 어디서부터 손을 대야 할지 모르겠습니다.

행동을 결정하고 중요한 일에 집중한다

한꺼번에 많은 요구나 과제가 닥치면 무엇부터 시작해야 할지 막막해진다. 일할 때 가장 기본이 되는 절차는 어떤 행동을 할지 결정하는 것이다. 좋은 결과를 내려면 중요한 일에 집중해야 한다.

기준을 세우고 우선순위를 매긴다

중요한 일을 간파하려면 **우선순위**를 매겨 보라. 예를 들어 '긴급하다'든지, '빨리 안 하면 많은 사람에게 피해가 간다'는 등의 시간적인 관점에서 우선순위를 정할 수 있다. 고객의 요청을 최우선으로 하거나 상사의 의뢰를 제일 먼저 처리하는 등의 기준으로 우선순위를 정할 수도 있다.

무엇을 최우선으로 하느냐는 가치판단의 문제이므로 조직에 속한 근로자는 경영 이념이나 사훈 등 조직이 중요하게 여기는 가치를 따르는 것이 중요하다.

● ● ●
우선순위를 정하는 네 가지 포인트*

조직의 가장 큰 목적은 성과 창출이다. 드러커는 조직의 성과를 내기 위한 **우선순위 결정법**으로 다음과 같은 네 가지를 제시하였다.

(1) 과거의 사건보다는 미래와 연결되는 일을 먼저한다.

(2) 조직 내 과제 등의 문제보다 새로운 기회로 이어지는 일을 먼저한다.

(3) 유행이나 모방보다는 독자성을 먼저한다.

(4) 무조건 쉬운 일보다 어려워도 개선에 도움이 되는 일을 먼저한다.

이 기준에 따라 첫머리의 상황을 정리해 본다면, 일단 고객이 요청한 '새로운 제안'을 가장 먼저 처리하고 그 다음에 다음 달의 영업 계획을 짠다.

물론 현실에서는 부득이하게 기획서 보조나 출장비 산정을 먼저 해야 할지도 모른다. 따라서 평소에 조직의 가치판단 기준에 대해 상사와 합의하여 우선순위를 정리해 둘 필요가 있다.

*참고:《피터 드러커의 자기경영노트 *The Effective Executive*》5장

・・・
'중요하지 않은 순서'를 매겨 보는 것도 중요하다

아무리 우선순위를 매긴다 해도 과제가 끊임없이 늘어나면 도저히 손이 못 미쳐서 결과적으로 기회를 놓칠 수 있다. 이런 상황을 방지하려면 결과가 좋지 않은 일, 비생산적인 과업을 재점검하여 손을 뗄 순서를 정해 정기적으로 그만 두는 작업이 필요하다.

일의 중요도가 낮은 업무는 포기하거나 점차 줄여 가는 계획은 서류나 서가를 정리하는 데도 통하는 사고방식이다. 업무 성과를 올리기 위해서도 꼭 필요하다.

부탁이야, 좀 도와줘~
아, 그게….,
아… 네!
회의자료 좀 만들게!
뭐 좋은 방법이 없을까? 제안 좀 해봐.
이번 달 정산 좀 서둘러 줘요!
성과 올리기에 필요한 일부터 하는 거군요.
과거 < 미래
문제 < 기회
유행 < 독자성
간편 < 복잡
먼저 우선순위를 정합시다.
이건 어떻게 하죠?
사내 사안
사외 사안
회사의 판단 기준을 알아 둬야죠.
일의 중요도가 낮은 순서를 정한다.
업무를 재검토하자,
그만둘 순서를 정하자.
업무 정리는 정기적으로 합시다.
생산적이지 않은 일
꼭 해야할 일
1 2 3 4

Step 6
시간을 요령 있게 쓰고 싶다

시간 사용법이 서툴다. ▶▶

항상 시간에 쫓겨 업무를 봅니다. 소소한 일들에 쫓기다 보니 정작 중요한 일은 매번 임박해서야 시작하게 되고, 결과는 영 만족스럽지 못합니다. 주어진 일이 줄어들지 않는데 어떻게 시간 관리를 잘할 수 있는 걸까요?

시간 낭비는 남의 성과도 빼앗는다

업무시간 관리가 서툴 경우, 나 한 사람만의 문제로 끝나지 않을 우려가 있다. 몇 사람이 팀으로 일할 때는 시간 관리가 허술한 한 명 탓에 팀 전체가 성과를 내지 못하는 사태가 벌어질 수도 있다. 효율적인 시간 관리법에 대해 다시 한 번 생각해 보자.

시간 사용 방식을 기록해 본다

매일매일 체중을 기록하는 다이어트법이 화제가 된 적이 있다.

드러커는 **시간 관리**에 대해서도 같은 방식을 제안한다. 즉 '무슨 일을 했는지' '시작 시간과 종료 시간' '작업의 결과' 등을 기록하는 것이다. 365일 24시간 내내 기록하라는 것이 아니라 **1년에 두 번 정도, 3~4주 동안의 기간을 설정해 그 시기의 시간 사용 방식을 기록할 것**을 강하게 권하였다.

시간을 의식하면서 자기를 제어하지 않으면, 여러 가지 잡무와 주변 상황에 휘둘려 시간을 비효율적으로 써버리기 쉽다. 시간 사용 방식을 기록함으로서 시간을 얼마나 낭비하는지 알게 되고 시간 사용법을 개선할 수 있다고 드러커는 말한다.

시간 관리의 세 가지 지침*

저술을 본업으로 삼았던 드러커도 책을 읽고 연구를 하기 위해서는 많은 시간이 필요했다. 그런 드러커가 시간 사용법을 재점검할 때의 주의할 점을 제시했다.

(1) 불필요한 작업을 없앤다.

(2) 나 말고도 할 수 있는 일은 남에게 맡긴다.

(3) 시간 낭비의 원천을 없앤다(유혹이나 나쁜 습관 끊기 등).

요령을 밝히자면 **중요한 일을 할 수 있도록 시간을 미리 충분히 확보하는 것**이다. 그러려면 일의 중요도에 따라 불필요한 일들을 쳐내고 시간을 벌어야 한다. 시간 관리는 자기 관리의 기본이다.

*참고:《피터 드러커의 자기경영노트》2장

나의 강점과 조직 공헌을 위해 시간을 써야 한다

어떤 일에 많은 시간을 투자해야 할까? 자기 특기 분야의 일과 우선순위가 높은 일이다. 이 두 가지가 다르다면 조직의 가치관에 따라 스스로 판단한다.

이렇게 해서 시간을 사용하는 방식을 결정했다면 일의 목표와 기대하는 달성 수준을 정한 다음, 일에 착수하도록 하자. 나중에 목표와 결과를 비교할 수 있다.

조직의 성과에 공헌할 수 있는 시간이 늘어날수록 더 좋은 결과가 나올 확률도 올라간다. 또한 자기 특기에 많은 시간을 확보하게 되면 목표의 기대치가 다소 높더라도 그것을 이룰 가능성도 높아진다.

큰일이다!
마감이 내일모레인데 아직 손도 못 댔어……
일단 시간 사용 방식을 기록해 보세요.
· 작업 내용
· 시작과 종료 시간
· 결과
불필요한 작업 없애기
낭비, 나쁜 습관, 유혹
나 말고도 할 수 있는 일
시간 관리는 자기 관리의 기본!
중요한 일을 할 시간 확보
낭비: 남이 할 일
감사합니다!
요즘 일 처리 좋은데!
우선순위와 목표, 수준을 정한다
일에 착수

Step 7
상사가 못 미덥다

우리 상사는 지시도 애매하게 내리고 회의에서 하는 발언도 변변찮습니다. 솔직히 별로 존경스럽지 않아요. 상사 때문에 팀 성과가 떨어져서 내 평가까지 나빠질까 걱정입니다.

상사 재교육은 부하가 할 일이 아니다

물론 존경하기 힘든 상사가 있긴 하다. 그러나 상사로부터 조언을 요청받지 않은 이상, 상사를 재교육하는 일은 부하의 몫이 아니다. 상사와 어떻게든 원만하게 업무를 해나갈 필요가 있다.

상사에게 하면 안 될 두 가지 행동

드러커에 의하면 상사와 원만히 협력하기 바랄 때 절대 하지 말아야 할 행동 두 가지가 있다.

하나는 **예고도 없이 놀라게 해서는 안 된다**는 것이다. 부하가 좋다고 생각해서 벌인 '서프라이즈'가 상사를 곤란에 빠뜨리거나 불신을 키우는 경우가 있다.

예를 들어 부하가 상사의 생일에 느닷없이 불쑥 장미꽃을 선물했다고 하자. 혹여 그 상사가 장미꽃을 별로 좋아하지 않는다면, 그 자리에서는 기뻐해 주겠지만 감정상으로는 응어리가 남을지도 모른다. 또 사전에 귀띔도 없이 상사가 동석한 회의에서 상사에게 마이너스가 되는 정보를 밝히면 앞으로 함께 협력할 신뢰 관계를 쌓기가 어려워진다.

또 한 가지 금물은 **설령 썩 맘에 들지 않는 상사라도 결코 무시해서는 안 된다**는 것이다. 상사 역시 어떠한 강점과 실력을 인정받았기에 지금의 자리에 섰다는 사실을 잊어서는 안 된다.

상사와 부하의 관계가 조직의 힘을 결정한다

조직이 내는 성과는 부하와 상사가 얼마나 협력하여 조화를 이루었는지에 의해 결정되는 측면이 있다. 그렇기 때문에라도 **부하는 상사를 인정하고 섬길** 필요가 있다.

상사의 개성을 인정하고, 상사가 일을 잘 처리하도록 자신이 무엇을 도울 수 있는지 생각하라. 가령 불만 접수 처리나 기획서 마무리 등 상사가 취약한 부분을 자진해서 맡음으로서 상사가 성과를 내는

데 도움이 된다면 기꺼이 협력하라. 어쩌면 부하가 상사의 일을 방해하고 있을 가능성도 있으므로 상사가 자신에게 무엇을 기대하는지 확인하는 것도 중요하다.

그러려면 평소에 상사와 신뢰 관계를 쌓기 위해 노력해야 한다. 정기적인 대화를 통해 요즘 자신이 중시하고 있는 일이나 우선시하는 일에 대해 알리려는 노력을 게을리해서는 안 된다.

드러커는 '각 사람의 강점을 결집해서 조직의 성과로 연결한다'는 매니지먼트의 본령은 상사, 부하를 불문하고 누구나 지켜야 할 의무라고 말한다. **서로의 강점을 알고 서로를 세움으로써 그것을 살릴 수 있을 때 조직의 힘이 최대한으로 발휘된다.**

김 부장 의견은?
아, 그러니까……
불만
불신
혐오
내가 너무 나쁜 면만 보고 있었나?
상사의 개성이나 가치관, 특기를 제대로 알고 있습니까?
이 작업은 저한테 맡기세요.
상사의 특기
나의 특기
부하로서 강점을 제공
상호 이해를 도모
더 잘하겠습니다.
정말 든든해.
상사의 강점
나의 강점
신뢰
부하로서 상사의 강점을 빛냅시다.
팀 능력 상승

Step 8
큰 실수를 저질렀다

도저히 보고할 수 없다. ▶▶

업무에서 큰 실수를 저질렀습니다. 하지만 도저히 보고할 용기가 나질
않습니다. 정직하게 상사에게 말씀드렸다가는 크게 혼이 날 것 같습니다.
실수를 잘 감추면 모른 척 넘어갈 수도 있을 것 같은데 어떻게 해야 할까요?

실수했을 때 그 사람의 진가가 드러난다

실수로 수금한 돈을 잃어버렸다거나, 착오가 생겨서 납기일을 지
키지 못했거나, 고객에게 실수로 허위 사실을 전하는 등 중대한 실
수를 저질렀을 때는 어떻게 대처해야 할까? 잔머리를 굴려서 최대
한 들키지 않게 얼버무려야 할까? 아니면 무슨 욕을 먹더라도 상사
에게 정직하게 보고해야 할까?

실수하지 않는 사람은 없다. 다만 그 실수에 어떻게 대처하는지에
따라 그 사람의 진가가 드러난다.

인격적 성실이 비즈니스의 핵심이다

그럴듯하게 실수를 감추었다고 해도 조직은 물론 자기 자신에게도 좋은 결과를 가져오리라는 보장은 없다. 오히려 실수를 감춘 사실이 드러나거나 실수가 더 큰 문제로 커질 수도 있다. 최대한 빨리 상사에게 보고하고 지시를 따르는 것이 상책이다. 이는 비단 업무이기 때문이 아니다. 사람으로서의 성실성에 관계된 문제기 때문이다.

상사의 꾸지람은 당연지사다. 하지만 아무리 경험이 부족한 사람도 성실하게 상사나 선배에게 상담하여 도움을 얻으면 분명 훌륭한 대책을 찾을 수 있다.

직장 생활을 하면서 상사와 동료, 조직, 고객의 신뢰를 얻는 기본 덕목은 정직과 성실임을 명심하라.

드러커가 말하는 성실이란?

드러커의 저서에는 '성실'이라는 의미의 **인테그리티(integrity)**라는 단어가 자주 등장한다. 이 단어에는 '완전함' '진가(眞價)' '진실' '초지일관' '근면' '건전' '고결' '윤리·도덕 엄수'와 같은 의미가 들어 있다.

아울러 드러커가 매니지먼트를 논할 때 쓰는 인테그리티에는 **목적과 사명과 언행이 일치되어 있다**는 뉘앙스가 풍긴다. 일할 때 말한 대로 실천하는 것은 중요한 일임을 기억하라.

노동 윤리는 히포크라테스 선서 속에 있다

실수에 대처하는 자세로서 그 다음으로 중요한 것은 실수의 원인에서 눈을 돌리지 않는 태도다. 이는 곧 '사전에 그 실수가 발생할 줄 몰랐는지'를 자문하는 작업이기도 하다.

드러커는 의학의 아버지라 불리는 고대 그리스의 **히포크라테스의 선서**(나는 나의 능력과 판단에 따라 환자를 돕기 위해 섭생법을 처방할 것이며, 환자들을 위험이나 옳지 않은 일을 당하게 하는 의술은 결코 하지 않을 것이다)를 예로 인용해, 이것이야말로 일하는 사람이라면 누구나 가져야 하는 윤리관이라 말한다.

문제가 발생했을 때 사전에 어떤 점을 주의했어야 하는지, 어떤 점을 확인해야 하는지 체크해 놓는 것도 좋은 경험으로 쌓인다. 나중에 비슷한 상황이 되었을 때 문제가 발생할 여지를 없앨 뿐더러 일 처리도 보다 명확하게 하는 계기가 되기 때문이다.

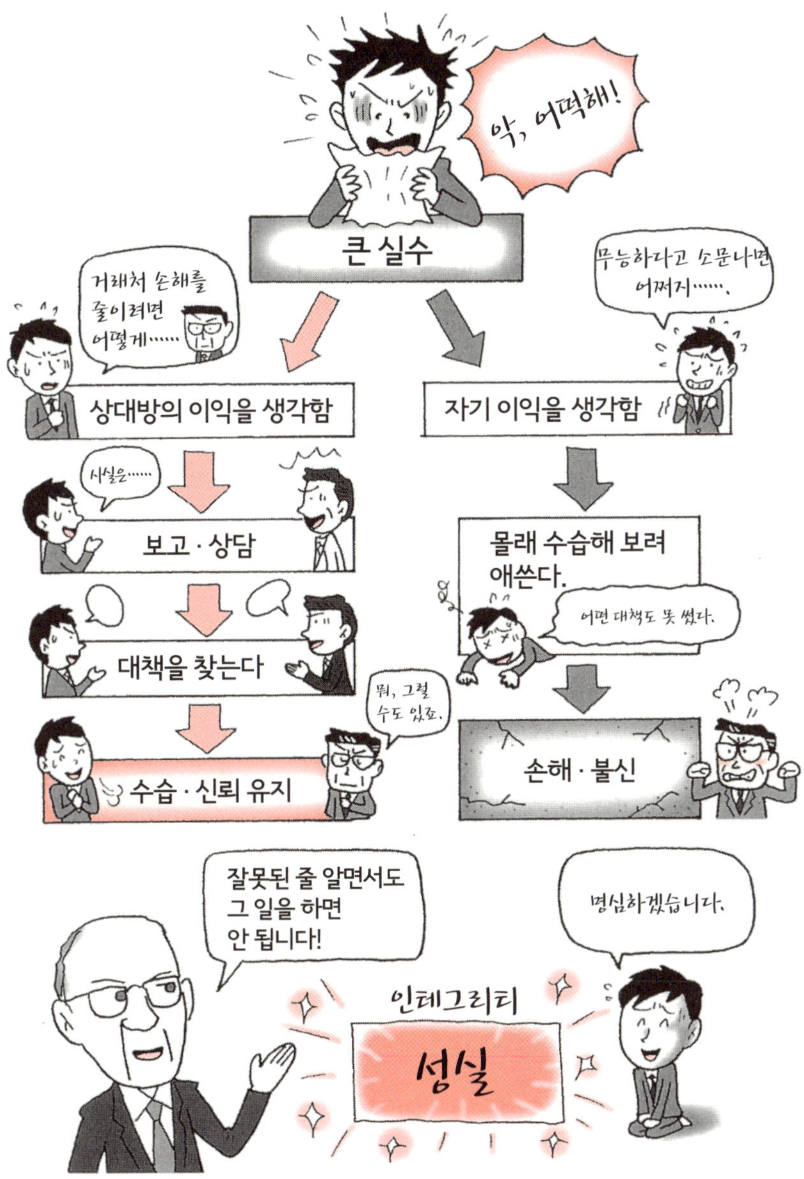
악, 어떡해!
큰 실수
거래처 손해를 줄이려면 어떻게……
무능하다고 소문나면 어쩌지…….
상대방의 이익을 생각함
자기 이익을 생각함
사실은……
보고 · 상담
대책을 찾는다
뭐, 그럴 수도 있죠.
몰래 수습해 보려 애쓴다.
어떤 대책도 못 썼다.
수습 · 신뢰 유지
손해 · 불신
잘못된 줄 알면서도 그 일을 하면 안 됩니다!
명심하겠습니다.
인테그리티
성실

▶ **일곱 가지 경험(Seven Experiences)**

드러커가 자신의 인생 가운데 겪은 일곱 가지 경험. 근로자들이 자기를 재발견하고 성장하는 데 도움이 되는 체험담이다.

▶ **공헌(Contribution)**

타인에게 도움을 주는 행위. 조직이나 사회를 위해 노동하는 것뿐 아니라 기부활동 등도 포함된다. 드러커의 매니지먼트에서 가장 중요한 키워드 중 하나.

▶ **결과(Results)**

일을 한 후에 산출된 사람, 물건, 돈, 정보 등을 말함. 결과물(Output)과 비슷한 의미다. 영업 활동이라면 신규 고객, 수주 금액, 주문서 등도 이에 해당한다. 드러커는 '성과(成果)'와 구별해서 사용하기도 했다.

▶ **성과(Performance and Results)**

좋은 결과를 말한다. 퍼포먼스(Performance)나 결과(Results)도 '성과'로 번역되는 경우가 있다.

▶ **목적(Purpose)**

조직이나 업무에서 '무엇 때문에' '어떠한 모습으로'에 해당하는, 최종적으로 실현해야 할 과제를 말한다. '이상'이나 '꿈'의 의미를 담고 있는 경우에는 '비전(vision)'이 쓰이기도 한다.

▶ **목표(Objectives)**

목적이나 비전을 실현하는 과정에서 '무엇을' '어느 정도로' '언제까지' 등등 사전에 설정해 두어야 할 조건이나 요구를 말한다.

▶ **책임(Responsibility)**

목적이나 목표, 맡은 요구를 실현하는 일. 또한 의무를 다하는 것. '자유에는 책임이 따른다'고 드러커는 말한다.

▶ **완벽(Perfection)**

부족한 점이 없다는 의미. 일곱 가지 경험 중 음악가 베르디 이야기, 조각가 페이디아스의 이야기를 통해 감명 받은 '완벽을 추구하는 자세'와 통한다. 드러커 자신도 이것을 추구했다.

▶ **강점(Strength)**

수용력(Capacities). 드러커가 기술이나 기능적인 것(Skills)과 구별하여 '할 수 있는 능력' '실적' 만이 아닌 '특기 분야에 대한 적응력이나 포용력'처럼 의미를 확장하여 이해할 것을 강조한 점에 주의하자.

▶ **성실(Integrity of Character)**

성격이나 인격을 표현하는 말. 완전한 것, 진가, 진지, 언행일치, 초지일관, 근면, 건전, 고결, 윤리나 도덕의 엄수 등의 의미도 포함한다.

▶ **매니지먼트(Management)**

개인의 강점을 살려 조직의 목적을 이룸으로써 더 좋은 사회를 실현하도록 하는 체계적인 지식이나 방법. ① 조직 본래의 목적과 성과를 달성한다, ② 사람과 조직의 능력을 발휘시킨다, ③ 사회적인 책임을 다한다는 세 가지 측면의 활동이 있다. '매니저'와 같은 의미로 쓰이는 경우도 있다.

▶ 《경제인의 종말 *The End of Economic Man; 1939*》(한국경제신문, 2008)

　드러커가 29세 때 쓴 첫 번째 책. 유대인 대량 학살을 부른 제2차 세계대전 당시의 살벌한 사회상을 탁월한 분석력으로 그려 내고 있다. 선거 때마다 정권이 바뀌는 오늘날의 상황과도 오버랩된다. 경기회복을 도모하는 사람, 세상을 발전시키고자 하는 사람의 말로는? 전 영국 수상 처칠의 찬사를 받은 책.

▶ 《산업인의 미래 *The Future of Industrial Man; 1942*》(국내미출간)

　이상 사회의 이론화를 목표로 삼았던 드러커는 구미 역사 속에서 '더 나은 사회(자유롭게 기능하는 사회)는 어떠해야 하는가'를 찾던 끝에 발견하여 형태화했다. 제2차 세계대전 중에 집필되었음에도 새로운 사회의 실현을 향해 개인과 조직이 나아가야 할 길과 그 지침을 훌륭하게 제시하였다. 지(知)의 거장 피커 드러커의 주옥같은 걸작 중 한 권.

▶ 《경영의 실제 *The Practice of Management; 1954*》(한국경제신문, 2006)

　매니지먼트의 전체를 다룬 세계 최초의 책. '사업의 목적은 고객 창조' '여덟 가지 목표 영역과 균형' '자기 목표 관리' 등 사회에 유익한 기업을 만드는 방법은 21세기 우리에게도 신선한 시사를 던진다. 더 이상 주먹구구식 매니지먼트는 통하지 않는다. 매니지먼트 연구에 큰 영향을 미침과 동시에 드러커에게 '매니지먼트의 아버지'라는 타이틀을 붙게 한 명저.

▶ 《창조하는 경영자 *Managing for Results; 1964*》(청림, 2008)

　《경영의 실제》에서 사업 전략에 관한 내용을 발전시킨 책이다. 기업이 경제적인 성과를 높이기 위해 필요한 중역 간부의 역할을 제시했다. '지식은 산업이다' '강점을 토대로 삼아라' '이미 일어난 미래는 기회다' '사업의 정의' 등의 시점에서, 다양한 사례를 통해 사업 전략의 핵심을 가르쳐 준다. 단, 실현하기 위해서는 약속이 필요하다고 한다. 그 약속이란 무엇일까?

Part 2

경력 사원을 위한
매니지먼트 기본

드러커의 매니지먼트 기본편.
신뢰받는 경력 사원이 되기 위해 필요한
매니지먼트를 배운다.
매니지먼트 2단계에 해당한다.

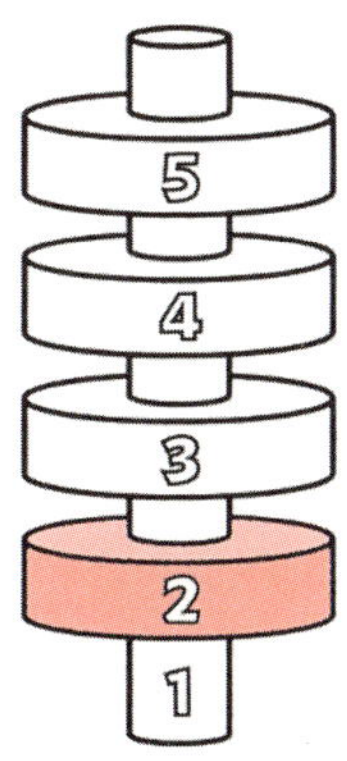

▶ ▶ ▶

이 파트에서 익힐 내용

드러커의 매니지먼트에 쓰이는 기본적인 용어와 행동 양식을 통해 경력 사원으로서 알아 두어야 할 매니지먼트의 기본을 배운다.

● '나도 중역'이라는 자각을 갖는다

오늘날 직장은 배운 일만 해서 될 만큼 안이한 곳이 아니다. 내 업무만 진행하면 끝나는 개인적인 곳도 아니다. 후배에게 일을 가르치고, 동료와 힘을 합쳐 업무 의욕을 돋우고, 상사의 기대에 부응하여 바람직한 성과를 올리는 조직 구조에 협력해야 우리는 직장에서 꼭 필요한 존재로 인정받을 수 있다.

나 하나만 생각한다면 이렇게 일할 수 없다. 조직을 생각하고 리더십을 발휘하고자 하는 자세가 필요하다.

드러커는 **지식을 써서 일하는 사람**을 **지식근로자**라고 부른다. 비단 의사나 변호사, 학자뿐만이 아니다. 오늘날 대부분의 근로자들이 지식근로자다. 이런 사고방식에서 본다면 우리는 지식근로자로서 조직과 관계 맺고 일하고 있는 셈이다. 이 관계를 어떤 방식으로 맺느

냐에 따라 개인의 인생도 조직도 크게 변한다.

드러커는 **책임감을 가지고 조직의 성과에 실질적인 공헌을 하는 사람을 중역, 최고경영자(Executive)**라 부른다. 지식근로자는 스스로 이러한 가치를 추구해 조직에 공헌하는 자세로 임해야 한다.

Step 9
왜 '고객'인가?

평소에는 바보 취급하면서……. ▶▶

사내 회의에서는 고객들이 제품의 진가를 몰라서 팔리지 않는 거라느니, 고객들이 설명서도 제대로 읽지 않고 클레임을 건다는 등의 발언이 난무합니다. 대외적으로는 '고객님'이라고 떠받들면서 사내에서는 '무조건 고객 탓'으로 돌리는 듯합니다.

고객이 누구인가에서 시작한다

회사도 병원도 학교도, 서비스나 제품을 돈으로 바꾸어 구입해 주는 고객이 없다면 존재할 수 없다. 결국 모든 일은 '고객이란 누구인가'에서 시작한다.

사업의 목적은 고객 창조다

드러커는 지금으로부터 무려 50년 전에 쓴 《경영의 실제 *The Practice of Management*》라는 책에서 **'사업의 목적은 고객 창조'**라고 말했다. 유니클로 경영자 야나이 다다시(柳井正)도 이 말에 감명 받아 드러커의 가르침을 참고하여 사업을 운영했다고 한다.

드러커가 말하는 '고객 창조'의 의미는 무엇일까? 단지 고객의 숫자를 늘리는 것이 아니다. 야나이 회장이 이끄는 패스트 리테일링의 경영 방침에는 "옷을 바꾸고, 상식을 바꾸고, 세계를 바꾼다"라는 말이 있다. '지금까지와 다른 이미지의 옷을 입음으로써 각자 새로운 자신을 발견하고 모든 사람들이 풍성한 인생을 보내라'는 메시지가 들어 있는 것이다.

고객 창조에는 고객이 제품을 통해 새로운 자아상이나 새로운 인생을 발견하는 데 도움을 준다는 의미도 있다고 할 수 있다.

마케팅의 기본은 고객에게 배운다는 자세다

드러커는 한 병원에서 일어난 에피소드를 여러 번 언급한다. 그 병원 회의에서는 새로 결정된 사항이나 뭔가 새로운 것을 실행하려고 할 때마다 현장에서 일하는 한 간호사가 매번 원장에게 이렇게 물었다고 한다.

"변경하려는 그 방침은 환자들에게도 좋은 방안인가요?"

아무리 경영 문제에만 집중하는 원장이라도 막상 이런 질문을 받았을 때 '환자보다 경영이 더 중요하다'고 반론하기는 힘들다. 속으로야 건방진 소리라고 생각할 수도 있겠지만 말이다.

　물론 원장 자신이 환자를 최우선으로 생각해서 먼저 모범적인 행동을 취하고 병원 직원들에게도 그러한 자세가 최우선임을 교육하는 것이 이상적이다. 환자나 고객이 기뻐할 일이 무엇인지 생각하며 일하는 자세는 **마케팅**의 기본이기도 하다.

　고객에게서 배운다는 자세는 곧 조직의 기본자세다. 고객을 대하는 태도가 겉과 속이 다른 조직은 매니지먼트의 성실성이 결여된 조직이다. '고객님'이라는 말을 경영 이념이나 경영자의 겉치레 말로 끝내지 않도록, 행동으로 자진해서 드러내는 것이 드러커의 매니지먼트다.

😀 왜 '고객'인가?

○○ 회의
고객들이 진가를 모르는 겁니다!
고객 잘못이죠!
모든 것은 고객으로부터 시작됩니다.
사업의 목적은 '고객 창조'입니다.
숫자만 늘리는 게 아니고요.
고객들이 풍성한 인생을 사는 데 도움이 되고 싶어요.
고객에게 좋은 게 뭘까요?
겉과 속이 똑같은 성실한 매니지먼트를 합시다.
고객의 만족
이익

Step 10
후배 교육이 귀찮다

내 일로도 벅찬데……. ▶▶

후배 교육을 맡게 되었습니다. 후배도 신입사원 연수에서 대략 배우긴 했
겠지만 거래처 방문부터 사무 처리까지 처음부터 일일이 가르쳐야 합니다.
솔직히 말해 후배 뒤를 봐줄 여유가 없습니다.

상사도 힘들다

어떤 회사든지 신입사원 교육은 상사의 골칫거리다. 상사로서는
조직 차원에서 유능한 신규 인력이 빠른 시일 내에 적응하여 성과를
내게 해야 한다.

하지만 한정된 시간 안에 이루어지는 회사의 신입 교육에는 당연
히 한계가 있는 법이다. 그래서 신입사원이 실무 현장에 투입되어
제 역할을 다하기까지는 선배가 많이 가르치고 도와주어야 한다.

남을 가르치면 나도 배운다

후배를 데리고 거래처를 방문한다면 이것저것 준비할 것이 많다. 상품이나 거래 조건을 정확하게 알려 줄 수 있도록 업데이트된 상품 지식을 익히거나 과거의 거래 사례를 조사하는 작업 정도는 사전에 해두어야 한다. 이런 준비는 후배에게 시키거나 같이 해도 좋을 것이다.

이처럼 후배와 함께 고객을 방문하고 가르치는 기회를 통해 자신도 상품이나 거래 조건에 대한 지식을 다시 한 번 익히게 된다. 또한 새로 바뀐 규정이나 거래처 환경도 알게 되는 기회가 된다. **남을 가르침으로써 나도 배울 수 있다.**

선배가 배우는 자세를 보이면 후배도 의욕이 올라간다

'후배를 가르칠 자신이 없다'고 하는 경우가 있다. 예를 들어 일반적으로 상품 정보 및 거래 조건은 신제품이나 새로운 서비스의 동향뿐 아니라 라이벌 회사와의 경쟁 관계에 따라 영향을 받기 때문에 수시로 변한다. 과거에 만들어진 자료나 매뉴얼에 적힌 내용만으로는 거래처를 만족시킬 수 없을지도 모른다.

이럴 때는 용기를 내어 '나도 배우는 중이라 항상 공부하고 있다'는 자세를 보여 주는 것이 후배에게 더 좋은 영향을 줄 수 있다. '업계 동향이나 영업 기술에 관해서는 직접 책을 사서 읽거나 사이버

교육을 받는 등 지속적으로 공부하고 있다'는 모습을 후배에게 보이면 후배의 성장 의욕도 고취될 것이다. **자기 성장에 적극적인 상사는 후배에게 좋은 본보기가 된다.**

후배가 성장해야 자신과 조직도 성장한다

후배를 챙겨줘 봤자 나한테는 이득이 없다거나 오히려 내 앞길만 방해한다고 생각하기 쉽다. 하지만 사실은 그렇지 않다. 오히려 적극적으로 후배를 교육하고 지도하면 후배를 성장시키는 것은 물론 본인의 성장으로도 이어진다.

자신의 업무 및 마인드를 재점검하는 기회가 되는 것도 물론이다. 적절한 업무 분담과 새로운 사원으로 분위기가 전환되면 결국 조직에 바람직한 결과를 낳는다.

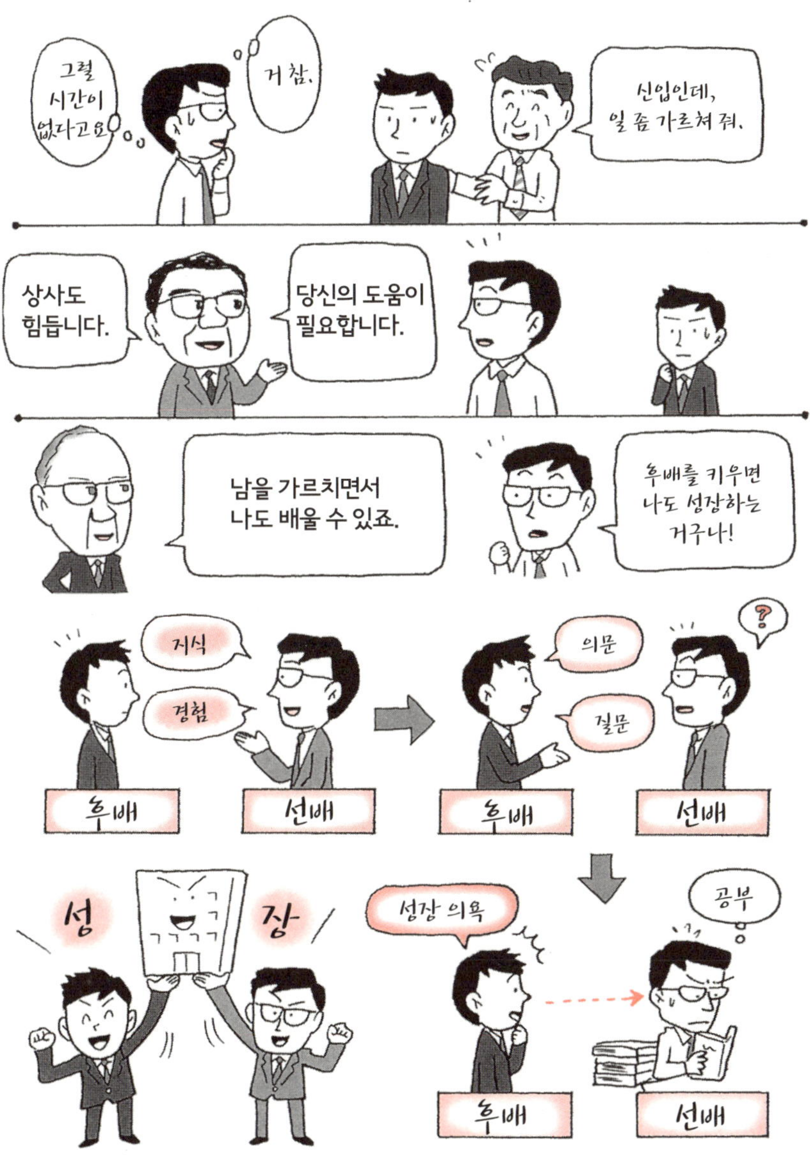
그럴 시간이 없다고요
거 참.
신입인데, 일 좀 가르쳐 줘.
상사도 힘듭니다.
당신의 도움이 필요합니다.
남을 가르치면서 나도 배울 수 있죠.
후배를 키우면 나도 성장하는 거구나!
지식
경험
후배
선배
의문
질문
후배
선배
성
장
성장 의욕
공부
후배
선배

Step 11
새로운 아이디어를 내고 싶다

'뭐 좋은 아이디어 없나'라는 질문이 괴롭다. ▶▶

오늘도 회의에서 상사가 "매출 향상을 위한 참신한 아이디어를 내라"라고 했습니다. 솔직히 말해 좋은 아이디어가 떠오르지 않습니다. 어떻게 하면 좋은 아이디어를 낼 수 있을까요?

상사는 혁신을 바란다

'더 높은 성과를 낼 방법을 찾아라.' '뭔가 색다른 제품이나 서비스 아이디어를 내라.' 이는 모든 상사들의 공통된 요구일 것이다. 임시변통식 아이디어로는 상사를 만족시킬 수 없다. 상사가 바라는 것은 바로 **혁신(innovation)**이다.

CEO처럼 일하라

'뭐 좋은 아이디어 없나?' 하고 상사가 물을 때가 있다. 아마도 상사 본인도 그 위의 상사로부터 같은 요구를 받아 고민하고 있을 것이다. 좀 더 거슬러 올라가 보면 '모든 사원들은 CEO 입장에서 일해주기 바란다'는 사장님들의 고정 멘트에 다다른다.

가계에서 수입이 줄면 쓸데없는 지출을 줄이거나 수입을 늘릴 방법을 진지하게 고민하게 된다. 회사의 매출이 떨어졌을 때에도 이러한 마음으로 **CEO의 입장이 되어 진지하게 고민하고 행동하라**는 것이 **CEO처럼 일하라**는 말의 의미다.

혁신을 일으키는 일곱 가지 계기*

드러커는 혁신을 일으키는 데는 일곱 가지 계기가 있다고 말한다.

(1) 예상 못한 성공이나 실패가 닥쳤을 때

(2) 실적, 이해, 가치관, 절차 등이 일치하지 않거나 이상이 있을 때

(3) 새로운 작업에서 순서나 담당자 설정, 지식 등이 필요할 때

(4) 산업이나 시장의 구조가 변했을 때

   ● 인터넷 쇼핑 또는 소셜 커머스 등 구매 환경이 바뀔 수 있다.

(5) 인구구조에 변화가 생겼을 때

   ● 저출산, 노령화 등의 구조 변화는 제품 대상이나 마케팅 대상에 변화를 줄 수 있는 요소다.

(6) 인식에 변화가 생겼을 때

   ● 건강이나 환경에 대한 관심이 고조되면서 유기농 식품이나

친환경 제품을 찾는 것도 한 예다.

(7) 새로운 기술이나 지식이 발견되었을 때

● 하이브리드, 전기 자동차 등의 발명 등은 혁신의 계기가 된다.

따라서 혁신을 원한다면 **기대와 현실의 차이, 또는 변화를 지나치지 않는 자세**가 중요하다.

*참고:《미래사회를 이끌어가는 기업가 정신 *Innovation and Entrepreneurship*》2장

● ● ●
혁신을 위한 노력은 타석에 서는 것과 같다

혁신의 기회를 놓치지 않으려면 먼저 기대와 현실의 차이, 또는 변화의 내용을 분석해 보는 것이 중요하다. 이때 필요한 자세는 현재 혹은 미래의 니즈(필요한 것, 부족한 것)를 발견하고자 하는 의지다. 단 한 가지라도 어떤 필요를 발견하면 기존의 업무 방식을 제쳐 두고 '우리 회사, 직장, 업무를 통해 그 필요를 채울 수는 없을까'를 진지하게 고찰한다. 분명 새로운 행동으로 연결될 아이디어가 떠오를 것이다. 상사와 상담하여 실패를 겁내지 말고 새로운 행동을 실행에 옮기기 바란다.

드러커는 **성과를 야구의 타율에 비유**했다. 우리는 '개혁이라는 타석에 서서' '결과라는 공을 쳐내도록' 끊임없이 요구받는다.

(1) 예상 못한 성공이나 실패
(2) 기대와 현실의 차이
(3) 인재, 지식의 부족
(4) 산업 및 시장구조의 변화
(5) 인구구조의 변화
(6) 인식의 변화
(7) 새로운 기술, 지식의 발견

Step 12
좀 더 좋은 평가를 받고 싶다

열심히 일하고 있는데……. ▶▶

일도 어느 정도 파악했고 상사의 지시도 제대로 따르고 있습니다. 그래도 회사에서 인정받고 있다는 마음이 들지 않습니다. 일하는 것에 비해 월급도 적다고 생각합니다.

낮은 평가를 받는 데는 이유가 있다

사내에서 높은 평가를 받지 못하는 이유는, 일반적으로 상사의 진짜 요구를 무시하며 일하고 있거나 부하나 후배나 동료들의 신뢰를 얻지 못하기 때문일 수 있다. 스스로는 상사나 주변 동료의 기대에 부응하고 있다고 생각하지만 실제는 그렇지 않은 경우가 있다.

완벽한 보수체계는 존재하지 않는다

일에 대한 보수 지급에도 까다로운 문제가 있다. 급여 제도를 공개해서 이상적인 사례로 평가 받고 있는 기업조차 실상을 들어 보면 해결해야 할 과제가 많다고 한다.

가령 통상적으로 볼 때 높은 월급을 받는 사람이라도 동료와 비교하기 시작하면 불만이 생기기 마련이다. '저 녀석이 저만큼이나 받는다고?' '내 월급은 터무니없이 낮다'며 불평과 불만이 생겨나는 것이다.

드러커는 **완벽한 보수체계가 존재하느냐는 질문에 회의적이었다.** 아무리 고심해서 만든 임금체계라도 직원의 일하는 의욕을 고무시키지 못하고 오히려 회의감이나 부정적인 가치관을 심을 위험이 있기 때문이다.

공헌을 통해 획득한 능력을 평가받자*

드러커는 정당한 평가를 받지 못하는 것을 조직 탓으로 돌리지 말라고 한다. 책임자로서의 자각을 가지고 '조직을 위해 나는 어떤 공헌을 할 수 있는지' 생각하며 애쓴다면 성과를 올릴 수 있는 다음과 같은 능력을 얻게 된다. 그리고 자연히 회사로부터 인정받을 가능성도 높아진다. 그 능력은 다음과 같다.

(1) 원만한 인간관계 구축을 위한 커뮤니케이션 능력

(2) 상사나 동료, 다른 부서 사람들과 팀워크를 구축하는 능력

(3) 자기의 강점이나 자기 관리 능력을 높이는 등의 자가 성장 능력

(4) 상사, 동료, 부하 등 타인의 성장을 촉진시키는 능력

*참고: 《피터 드러커의 자기경영노트》3장

지식근로자는 평가가 아닌 완벽과 책임을 추구한다

물론 상사의 평가 기준을 직접 물어서 그 기준에 맞추어 열심히 일하는 것이 정석이다. 기준을 만족시키지 못했다면 기대했던 평가를 얻지 못해도 당연하다고 생각해야 할 것이다.

제각기 다른 전문성을 지닌 지식근로자는 그 전문성의 정도가 높을수록 자기 성과를 타인에게 정당하게 평가받을 가능성은 낮아진다. 조각가 페이디아스가 한 '하늘이 보고 있다'라는 말을 떠올려 보자. 주변에서나 회사에서 정당한 평가를 받지 못하더라도 **스스로 완벽하다고 여기는 기준을 달성해 보라.** 이런 사명감이 있어야 스스로 성장할 수 있다.

내가 얼마나 열심히 하고 있는데
왜 이 정도뿐이야?
급여명세서
?
진심으로 조직에 공헌하고 있습니까?
팀워크 능력
전문성
커뮤니케이션 능력
성장 능력
조직의 일원으로서 이해받기 위해 노력했나요?
전문성 높은 지식근로자일수록 이해받기 어렵지요. 스스로 자기 일에 완벽과 책임을 추구합시다.
그래, 풀 죽어 있을 게 아니지!

Step 13
한 가지 **전문 분야**만 파야 할까?

이름을 남기는 전문가가 되고 싶다. ▶▶

하나의 전문 분야에 집중해서 일하고 싶습니다. 그래서 이 분야에 있어서는 누구보다 잘한다고 평가받고 싶습니다. 하지만 회사에서는 부서 이동이 잦아서 한 가지 일에만 몰두하기 어렵습니다.

현대는 테크놀로지스트의 시대다

드러커가 지적하듯이, 지식근로자로서 고도의 전문 지식을 지니고 신체를 사용해 일을 하는 **테크놀로지스트**(Technologist, 고도 기술자)가 늘고 있다. 그들은 동시에 전문가(Specialist)이기도 하다. 이를테면 의료, 복지, IT, 생명공학, 화학, 환경 분야의 기술자가 그 예다.

'세 석공' 중 매니지먼트 의식이 있는 사람은?

드러커의 《매니지먼트 *Management*》에는 **세 명의 석공 이야기**가 등장한다. 건설 현장에서 돌을 깨고 있는 석공에게 "당신은 왜 그 일을 하고 있습니까?" 하고 묻자 각기 다음과 같이 답했다고 한다.

첫 번째 석공 "다 먹고 살려고 하는 짓이죠."

두 번째 석공 "기술을 갈고닦으려고 합니다."

세 번째 석공 "멋진 교회를 짓기 위해서죠."

전문성이 높은 일을 하고 있는 사람일수록 두 번째 석공처럼 자기의 전문 분야에 강하게 집착하는 경향이 있다. 그러나 드러커는 세번째 석공이야말로 매니지먼트형 인간이라고 말한다.

물론 첫 번째, 두 번째 석공이 틀렸다는 의미는 아니다. 다만 세 번째 석공이 다른 석공에게 없는 매니지먼트의 시각을 갖추었음을 지적한 것이다. 세 번째 석공은 **조직의 목적과 목표를 의식하면서 일하고** 있다.

오늘날 전문가는 전문 분야에만 틀어박혀 있지 않다

드러커는 3~4년마다 주제를 바꾸어 가며 분명한 시간을 확보하여 집중적으로 연구함으로써 여러 가지의 전문 분야를 터득했다. 이렇게 그는 정치학, 사회학, 역사학, 철학, 경영학부터 미술까지 방대한 지식을 쌓았다.

드러커는 이런 경험에 근거하여 **'다양한 분야의 전문 지식을 어느 정도 이해하고' '자기의 전문 지식을 다른 이에게 알기 쉽게 설명할 수 있는'**

자질이 오늘날의 전문가들에게 요구된다고 생각했다.

테크놀로지스트를 비롯한 지식근로자들은 주로 기술을 연마하기 위해 일하며 관리 받기를 싫어한다. 게다가 남을 관리하는 것도 꺼리는 경향이 있다. '명령과 지시로 사람을 움직이는' 기존의 사고방식으로 본다면 누구라도 당연히 남을 관리하는 일에 손사래를 칠 것이다.

하지만 드러커의 매니지먼트는 **사람의 자주성과 강점을 살린다**는 사고방식에 근간을 둔다. 근본이 다른 것이다. 전문가의 지식이 다른 전문가의 지식과 연결되었을 때 혁신의 계기가 탄생한다. 그 계기를 위해서라도 우리는 세 번째 석공이 되어야 한다. 그와 같은 매니지먼트 의식은 기를 만한 가치가 크다.

한 가지 전문 분야만 파야 할까?

내 전문 분야만 하고 싶은데!
이동 명령
회사는 왜 몰라주는 거야.
잠깐!
자기 분야만 고집하지 말고 다양한 전문 분야를 터득합시다.
대체 뭐라는 거야?
말이 안 통해.
아, 안타깝네요.
A
B
?
?
A전문
B전문
전문가들끼리 연결되면서 혁신이 탄생합니다.
C
A
B
A+B
B+A
나는 3, 4년마다 다른 분야에 도전해 전문 지식을 넓혀 왔답니다.

Step 14
회사와 가치관이 맞지 않는다

😮 **회사의 사고방식에 의문이 들 때가 있다.** ▶▶

"월말이나 분기 말에는 무리해서라도 주문을 받아라. 납품만 하면 숫자는
오른다. 무조건 예산만 채우면 된다." 상사는 이게 회사의 방침이라고 합
니다만, 회사의 이런 가치관은 저와 맞지 않습니다. 그래서 괴롭습니다.

이런 가치관도 있다

회사의 가치관은 일반적으로 기업 이념으로 표현된다. 어떤 슈퍼
마켓에서는 '고객은 항상 옳다'는 이념을 세워 고객 불만이 접수된
상품은 전부 반품을 시킨다고 한다. 그렇게 하다간 망하지 않을까
싶은 생각도 들지만 실제로는 이런 과감한 가치관을 표명함으로써
오히려 고객들의 지지를 얻고 있다고 한다. 게다가 '고객을 우선한
다'는 행동 습관이 종업원들의 몸에도 배어 높은 매출을 유지할 수
있었다.

드러커도 회사와 가치관이 달라 고민했다

드러커도 회사와 가치관이 맞지 않아 애를 먹기도 했다. 20대 무렵 런던 투자은행에 다닐 때다. 잠시 동안은 이 회사에서 자기의 능력을 발휘할 수 있었다. 그러나 오래지 않아 회사가 '돈'을 중시하는 데 비해 드러커 본인은 '사람'을 중시한다는 것을 깨닫고는 회사와 공존할 수 없어 괴로워했다고 한다. 드러커는 고민 끝에 회사를 그만두었다. 돈만 중시해 돈을 많이 벌려는 일이 자기 가치관과는 맞지 않는다고 판단했기 때문이다.

회사를 그만두어도 되는 네 가지 경우*

회사와 가치관이 어긋난 상태로 계속 회사를 다니게 되면 정신적 질병을 일으킬 위험마저 생긴다. 자신과 정반대인 가치관에 맞추려는 노력은 엄청나게 큰 스트레스다.

상사와의 사소한 가치관 차이가 오랜 시간 지속되어도 동일한 결과를 가져올 수 있다. 드러커는 다음과 같을 때는 **회사를 그만두어도 좋다**고 했다.

(1) 부정이나 그것을 허용하는 풍토가 만연해 조직이 부패했을 때

(2) 자기 강점을 살릴 수 있는 적절한 업무나 부서를 배치받지 못했을 때

(3) 성과를 인정받지도 못하고 아무런 평가도 얻지 못할 때

(4) 회사의 가치관과 본인의 가치관이 양립할 수 없을 때

*참고:《비영리단체의 경영 *Managing the Nonprofit Organization*》2장

···
회사의 가치관이 공정하다면 따르는 편이 좋다

반대로 회사의 가치관이 공정하여 사회에 공헌할 수 있다면 맡은 일에 최선을 다하여 스스로를 회사의 가치관에 맞게 성장시키는 편이 좋다. 사회 공헌을 목적으로 일하는 조직 속에서 자기중심적인 가치관을 주장하여 주변에 폐를 끼치는 일은 웬만하면 피해야 한다.

회사의 공정한 가치관과 공존하기 위해 자기의 가치관과 행동을 조절할 수 있다면, 우리는 사회와 조직에 공헌하는 새로운 모습으로 성장할 수 있을 것이다.

그만두는 것도 한 방법입니다.
무슨 수를 써서라도 수치를 올려!
어떻게 할까……
회사의 가치관과 공존할 수 있을지 판단해 봅시다.
OX BANK
나도 청년 시절에 고민 끝에 회사를 그만둔 적이 있었죠.
그만두는 판단 기준법
법 규칙
내 위치
평가
가치관
나의 가치관에 따른 판단
여기가 나을가……
이쪽도 나쁘지 않은데……
공정, 사회 공헌에 가깝다면
부정, 이익 추구에 가깝다면
그만 둔다.
계속 다닌다.

Step 15
리더십을 키우고 싶다

소극적인 성격이라 리더에 맞지 않는다. ▶▶

회사에서는 적극적으로 나서서 발언하지 않는 편입니다. 프로젝트팀 팀원으로 활동할 자신이 없어서 사내의 프로젝트 제안 제도를 이용한 적도 없습니다.

리더십은 키울 수 있다

어려서부터 대장 역할을 잘했던 사람만 사회에서 리더가 될 수 있는 것이 아니다. 리더십은 타고나는 기질이라고 여겨 왔지만 최근에는 '후천적으로 리더십을 키울 수 있다'는 사고방식이 주류가 되고 있다.

리더십은 재능이 아니라 행동이다

드러커는 '리더십은 행동이다'라고 말한다. 회의에서 적극적으로 발언하거나 개선할 사항에 대해 제안해서 프로젝트팀의 팀원이 되는 것은 의식적으로 행동하면 되는 일들이다.

예를 들어 프로젝트팀을 꾸려서 맡게 되었다면 맨 처음에는 팀의 목적이나 사명을 분명히 정하고, 이를 팀원들에게 설명하고 상호 이해를 구해야 한다. 그 다음에는 프로젝트 진행 기한이나 요구되는 성과 등의 목표를 확인한다. 나아가 팀원들과 함께 진행 방식을 결정하고 역할과 책임을 분배하면 된다.

스스로 리더로 키워 나간다

프로젝트팀이 출범하면 예정대로 일이 진행되지 않기도 한다. 이때 만일 다른 팀원에게 책임을 돌리고, 팀원들 간 또는 팀장과 상담도 하지 않는 것은 최악의 대응이다. 팀원이라면 최소한 자기 일에 책임을 다해야 한다. 그런 자세는 기본이다.

좀 더 나아가 '만일의 경우 이 프로젝트의 책임이 나에게 있다고 발언할 수 있는가? 없는가?'까지 생각해 볼 수 있다. 프로젝트의 팀장이든 팀원이든 상관 없이 해당 프로젝트에 대한 마음은 늘 리더의 자리에서 생각해야 한다. 책임감이 있다면 맡은 프로젝트에 결코 방만하지는 않을 것이다. 이런 일련의 고민을 가지고 행동하는 것이야말로 리더십이다.

요컨대 리더십이란 타고난 재능이 아니라 **일에 대한 책임을 행동으**

로 나타내는 일이다. 이러한 행동을 통해 누구나 주변의 신뢰를 얻어 자기 자신을 **리더**로 만들어 갈 수 있다.

드러커가 말하는 리더란?

드러커는 리더의 정의를 **뒤를 따르는 추종자가 있는 사람**이라고 명쾌하게 내렸다. '리더십'은 누구라도 도전하면 기를 수 있다. 하지만 '리더'가 될 수 있는지 아닌지는 그 사람이 얻은 신뢰에 좌우된다. 추종자들이 인정하고 그들이 세우는 리더여야 제 역할을 할 수 있다.

따라서 리더로서 성장하기 위해서는 먼저 신뢰 받는 사람이 되어야 하며, 주변에서 받은 신뢰에 부응하려는 노력을 게을리해서는 안 된다.

윤 대리, 이 프로젝트 리더를 맡게.
네? 무…무리예요!
처음부터 리더십을 타고난 사람은 없어요.
맞아요! 일단 의욕적으로 행동하는 겁니다.
이 프로젝트의 목적은……
리더십이란?
목적과 사명을 명확히 한다.
팀원에게 설명하고 이해를 구한다.
기한과 요구되는 결과를 확인한다.
팀원들과 진행 방식을 결정한다.
역할과 책임을 할당한다.
팀원들의 상담에 응한다.
최종적인 책임을 진다.
○월○일까지 ○○을 마칩시다!
역할
진행
내가 책임지고 어떻게든 할게요!
괜찮아요!
사실……
리더란
직함이 없어도 '추종자가 있는 사람' '주변의 신뢰를 얻은 사람'입니다.
잠깐만요! 우리도 따를게요!
다들!

Step 16
신뢰 받는 선배가 되고 싶다

내 일을 할 수 없어 초조하다. ▶▶

후배의 뒤치다꺼리에, 상사로부터는 이것저것 지시사항이 많습니다. 도무지 내 일은 할 시간이 없습니다. 빨리 실력을 쌓아야 하는데 초조하기만 하네요. 어떻게 해야 할까요?

스스로 자신을 매니지먼트하자

후배와 상사의 관계는 직장에서 기본적인 조직 구조다. 앞으로의 직장 생활에서도 계속해서 이어질 관계다. 이러한 직장 내 인간관계 속에서 자기를 잃지 않고 조직의 인정도 받으며 일하려면 **자신을 매니지먼트(관리)할 줄 알아야 한다**고 드러커는 말한다.

자기 매니지먼트① 자신의 강점을 알자

'자신을 매니지먼트한다'는 의미는 **자기를 성장시키면서 조직과 사**

회를 위해 일할 수 있는 환경을 구축하는 것이다. 그러기 위해서는 자기의 장점, 특히 강점을 알아 두어야 한다. 자동차라면 '어떤 성능이 있는가?' '다른 차와는 어디가 다른가?' '강점은 무엇인가?' 등의 질문에 해당할 것이다.

이처럼 자신의 강점이 무엇인지 알고 '내가 가장 잘할 수 있는 업무 방식, 학습 방식은 무엇인가?' '팀 플레이가 적성에 맞는가? 단독 플레이에서 성과를 더 잘 내는가?' '나는 무엇을 우선시하는가?' 등 자신의 업무 스타일과 가치관을 인식해 두는 것도 중요하다고 드러커는 말한다.

··· 자기 매니지먼트② 자기 위치에 책임을 진다

'자기를 매니지먼트한다'는 것은 또한 회사에서 맡겨진 직책이나 보수 등의 처우 등 **자신의 인사에 책임을 진다**는 의미기도 하다. 쉽게 말해 승진이나 월급은 자기 하기 나름이라는 뜻이다.

드러커는 자기의 강점이나 자신 있는 업무 방식, 자신의 가치관을 파악함으로써 20대 후반이 되어서야 비로소 자기가 해야 할 일이 보이기 시작했다고 한다. 자신의 강점을 발휘하기 위한 준비는 당연히 필요하다.

적합한 자리를 얻은 후에도, **주어진 역할이 요구하는 공헌에 초점을 맞추어 일을 계속해 나가야 한다.** 후배나 동료, 상사와의 관계뿐 아니

라 고객, 거래처와의 관계를 원만히 유지하기 위한 책임 있는 행동
도 있어야 한다.

업무에서 윤리를 지키는 방법—거울 테스트

오늘날, 기업의 재무 분야뿐 아니라 법률 규제를 준수(compliance)
하는 측면에 대해서도 사회 및 감사 부문의 감시의 눈이 엄격하다.
신뢰받는 선배가 되기 위해서는 이러한 사회적 요구에 대해서도 성
실해야 한다. 개인의 이익을 우선해서 조직을 이용하거나 조직의 부
정을 보고도 못 본 척하는 것은 윤리에 반하는 일이다.

드러커는 **'아침 일찍 일어나 거울을 볼 때 자신이 어떻게 비치길 바라
는가?'**라고 자문하는 **거울 테스트**를 제안한다.* 거울 속에서 윤리를
저버린 부도덕한 자기 모습을 보고 싶어 하는 사람은 아무도 없을
것이다.

*참고:《21세기 지식경영 *Management Challenges for the 21st
century*》6장

이것저것 맡다 보니
자료 부탁해.
기획서 마무리해 놓게.
내 일을 하나도 할 수 없어!
데이터 좀 정리해.
믿음이 가지 않는 선배야.
그렇다면 자신을 관리하세요!
일단 나의 강점을 파악하자.
내 강점
자신 있는 업무 방식
학습 방식
가치관
나를 다시 살피니 주변도 눈에 들어오네!
나를 매니지먼트한다.
자기 입장에 책임을 갖는다!
내가 할 일은……
공헌에 초점을 맞춰 일한다.
인간관계도 원만해진다.
선배! 본받고 싶습니다.

▶ **지식근로자(Knowledge Worker)**

학교와 같은 기관에서 배운 지식을 사용하여 일하는 사람. 법률가나 학자뿐 아니라 사무원, 매니저, 기술자, 조직 책임자, 영업인, 교사 등도 포함된다. 이들은 일의 생산성을 높여 더 나은 결과를 내야 한다.

▶ **중역(Executive)**

조직의 성과에 실질적으로 공헌할 책임이 있는 모든 지식근로자를 말한다. 지식근로자는 스스로 조직에 공헌할 가치를 찾아 행동하는 자세를 갖추어야 한다.

▶ **고객 창조(Create a Customer)**

사업이나 조직은 고객을 창조하는 것이 목적이다. 신규 고객을 획득하고 이 신규 고객을 재구매 고객이나 핵심 고객(자사제품이나 서비스를 강하게 지지하는 고객)으로 만들기 위해 조직 전체가 노력하는 일이다.

▶ **마케팅(Marketing)**

일반적으로 시장조사, 판매 촉진, 상품 진열 등 제품과 서비스의 개발 및 영업을 지원하는 조직적인 활동을 말한다. 마케팅의 목적이 '판매 행위를 없애는 것', 즉 고객에게 꼭 필요한 제품이라는 점을 이해시켜 제품이 스스로 팔리게 만드는 것이라고 말한 드러커의 생각은 오늘날의 마케팅에도 큰 영향을 주고 있다.

▶ **혁신(Innovation)**

개혁이나 변혁을 말한다. 지속적인 업무 개선에서부터 신제품, 서비스 개발까지 넓은 의미로도 파악된다. 혁신의 '일곱 가지 계기'를 놓치지 않고 사업화 하는 것이 중요하다.

▶ **테크놀로지스트(Technologist)**

지식근로자 중에서도 더욱 고도의 전문 지식을 가지고 몸을 사용해 일을 하는 전문가(specialist)를 가리킨다. 의료, 복지, IT, 생명공학, 화학, 환경 분야 등의 기술자가 그 예다.

▶ **세 명의 석공(Three Stonecutters)**

매니지먼트를 설명할 때 드러커가 사용한 비유. "왜 그 일을 하고 있습니까?"라고 물었을 때 "멋진 교회를 짓기 위해서"라고 답한 세 번째 석공에게 매니지먼트의 정신이 있다고 보았다.

▶ **리더십(Leadership)**

리더십은 '행동'이며 또한 모범이 되는 것이다. 허풍이 아닌, 말한 대로 실천하는 것이 실로 그 전형이다. 리더십을 재능이라고 여기는 통상적 생각과 달리, 마음만 있다면 누구나 키울 수 있는 자질이라는 점에 주의하자.

▶ **리더(Leader)**

추종자가 있는 사람. 뒤를 돌아보았을 때 아무도 따라오지 않는다면 직함이 있어도 리더라고 할 수 없다. 다른 사람에게 신뢰를 받는 사람이라야 리더가 된다.

▶ **거울 테스트(Mirror Test)**

업무 윤리를 설명할 때 드러커가 사용한 비유. '아침에 일어나 거울을 봤을 때 어떤 사람으로 비치기 바라는가?'를 자문함으로서 윤리에 어긋난 행동을 막을 수 있다고 한다.

함께 읽으면 좋은 드러커의 책

▶ 《**피터 드러커의 자기경영노트** *The Effective Executive; 1966*》(한국경제신문, 2003)

자기를 성장시킴(매니지먼트)으로써 조직에 실질적인 공헌을 하는 지식근로자가 되기 위한 방법을 소개한 책이다. '효과적인 업무방식 배우기' '시간 관리' '공헌이란 무엇인가?' '강점 살리기' 등. 자기 성장과 조직과의 관계에서 고민하는 사람을 위해 드러커가 가정교사가 되어 친절하게 알려 준다. 사회와 조직과 나 자신이 일직선으로 연결되는 감동을 얻을 수 있다. 조직인의 근본이 여기에 있다.

▶ 《**단절의 시대** *The Age of Discontinuity; 1969*》(한국경제신문, 2003)

드러커는 베트남전쟁(1964~75)이 진흙탕 싸움으로 변해 가는 와중에 사회와 문화 속의 잠재적인 변화(비연속)를 발견하고 사회의 한 면을 알렸다. '지식 기술' '세계경제' '조직 사회' '지식사회'의 시점에서 세계정세를 분석하여 알기 쉽게 설명해 준다. 새로운 사회를 조성할 절호의 기회인 지금, 우리는 무엇을 해야 하는지 질문을 던졌던 세계적 베스트셀러.

▶ 《**매니지먼트** *Management: Tasks, Responsibilities, Practices; 1973*》(청림, 2007)

학생과 경영자를 위한 교과서로 쓰였으며 지금도 많은 교육기관에서 경영학 텍스트로 사용되고 있다. 온갖 조직에 적용 가능한 매니지먼트가 여기에 있다. '매니지먼트란 무엇인가' '매니저의 일은 무엇인가' '톱 매니지먼트는 무슨 일을 하는가' 등. 드러커는 단순히 장사하는 법을 설명하지 않았다. 인류의 유산이라고도 할 수 있는 책.

▶ 《**보이지 않는 혁명** *The Unseen Revolution; 1976*》(단국대출판부, 1981)

드러커에 의하면 이 책은 발매 당시 거의 눈길도 받지 못했다. 많은 사람들에게는 보이지 않았을 이 혁명은 이때 시작되어 지금도 꾸준히 새로운 경제를 창조하고 기업의 존재 가치를 바꾸어 가고 있다. 이 책을 통해 이 혁명이 우리들의 가계(연금 등)와도 연관됨을 알고 놀라게 된다. 더 이상 혁명은 남의 일이 아니다.

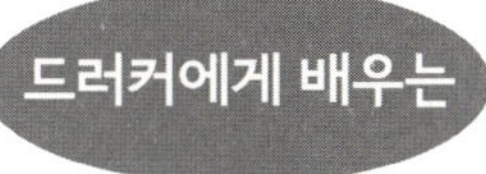

팀장을 위한
매니지먼트 초급

드러커 매니지먼트 초급편.
신뢰 받는 상사 또는 팀장이 되기 위해 필요한
매니지먼트를 배운다.
매니지먼트 3단계에 해당한다.

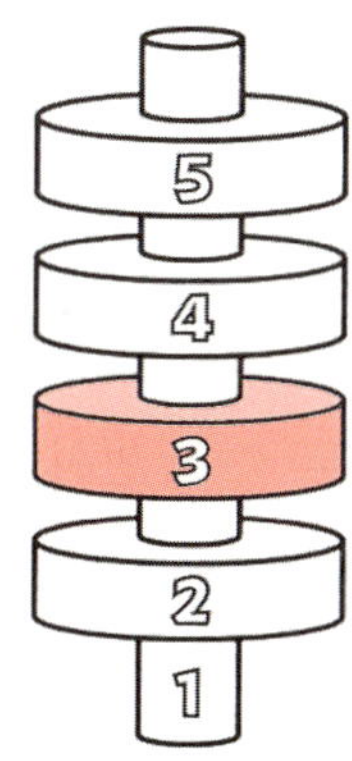

드러커의 매니지먼트 이론 중 상사나 팀장(회사에서 담당 부하가 있는 관리자)들이 알아 두어야 할 매니지먼트를 배운다.

● 부하 관리만이 매니지먼트가 아니다

조직에 공헌하고 자신도 성장하기 위해 후배를 가르치는 것은 당연한 일이다. 그렇다면 직장인의 성장은 여기서 끝일까?

사람마다 시기의 차이는 있으나 직장인은 누구나 조직에서 정식으로 권한을 얻어 부하를 거느리게 된다. 일반적으로 말해 대리나 과장, 부장이라 불리는 '상사'가 되는 것이다.

팀장이란 회사에서 제공하는 사람, 물자, 돈, 정보라는 경영 자원을 효율적으로 활용하여 조직과 팀에 요구되는 성과를 내는 책임자다. 이 역할은 조직 차원에서도 직장인 본인에게도 커다란 의미를 지닌다. 가장 먼저 팀장은 자기 뜻대로 부하에게 일을 시킬 수 있다. 팀원은 일하기 싫을 때가 있어도 팀장의 지시에 따라야 한다.

이 자리에 선 사람은 부하에게 신뢰를 받는 상사, 조직에서는 신용을 받는 팀장이 되어야 한다. 그리고 자기 자신이 성장해야 한다. 기업은 그 회사의 팀장이 그렇게 하기를 기대한다.

세간에서 교육되고 있는 흔히 매니지먼트라 부르는 관리법은, 과연 이런 기대에 성실히 부응하고 있을까? 여기서 다시 한 번 드러커의 매니지먼트를 배워 보자.

Step 17
PDCA로 **팀원**을 **관리**하고 싶다

PDCA로 팀원을 관리하고 싶다. ▶▶

지난번에 관리자 연수를 받았는데 '관리는 곧 PDCA'라고 배웠습니다.
P는 '계획(Plan)' D는 '실행(Do)' C는 '검사(Check)' A는 '개선 활동
(Act)'을 말합니다. 성과를 내려면 정말 PDCA를 활용하는 것이 좋은
걸까요?

PDCA로는 팀원들이 움직이지 않는다

팀 관리에 PDCA를 도입하도록 지도하는 연수가 있는데, 이를 실
제로 업무에 적용해 보면 팀원들이 생각처럼 움직여 주지 않아 힘들
다고 하는 이들이 있다. 'PDCA로 돌린다'는 말에 부하들이 반발하기
도 한다.

과연 PDCA 사이클을 계속해서 돌리는 것이 팀장의 일일까? 그리
고 PDCA가 조직이 성과를 내는 데 도움이 될까?

PDCA는 사람이 아닌 물건을 관리하는 수법이다

PDCA는 본디 제조 현장에서 **품질관리** 수법으로 생겨난 체계다. 데밍(William E. Deming, 미국의 통계학자 및 컨설던트)은 품질관리 기능을 강조하여 PDCA를 통한 품질관리 사이클을 구성하였다. 이로써 '품질관리 = PDCA 사이클을 돌리는 것'이라는 생각이 제조업에 뿌리내리고 점차 생산관리 이외의 분야인 경영 전체의 품질 향상에까지 확대 적용된 것이다.

사람은 기계가 아니므로 PDCA를 적용할 수 없다

생리적인 면이 있는 사람은 일하는 방식이 기계와는 다르다고 드러커는 말한다. 더구나 **지식근로자는 '왜 일하는지' '어떻게 일할지'를 생각하며 일하기** 때문에 매니지먼트까지 맞추어야 한다. PDCA는 기계에 의존하는 비율이 높은 생산 부문의 관리 수법이라서 애초에 지식근로자인 팀원을 매니지먼트하는 데 사용한다는 발상 자체가 무리다.

팀장에게는 다섯 가지 기본 과업이 있다*

드러커는 **팀장의 기본 과업 다섯 가지를** 제시한다.

(1) 목표 설정

- 관계자와의 **커뮤니케이션**을 통해 목표를 정한다.

(2) 조직화

- 목표 달성을 위해 필요한 작업을 명확히 해서 팀원에게 할 당한다.

(3) 동기부여(의욕 고취)

- 커뮤니케이션을 통해 팀원, 동료, 선후배 사이에 함께 성과 를 내고자 하는 의욕을 고취시킨다.

(4) 측정과 평가

- 조직과 개인의 일 처리 상황, 결과를 평가하는 기준을 정해 서 측정한다.

(5) 상호 성장

- 측정한 정보를 활용하여 팀원은 물론 자기 성장도 도모한다.

팀장의 첫걸음은 **사람의 강점을 살려 팀 성과를 높이는 일**이 자신의 목적과 사명임을 자각하는 것이다. 기계처럼 PDCA 사이클만 돌리 면서 매니지먼트를 하고 있다고 생각하면 안 된다.

*참고:《매니지먼트》31장

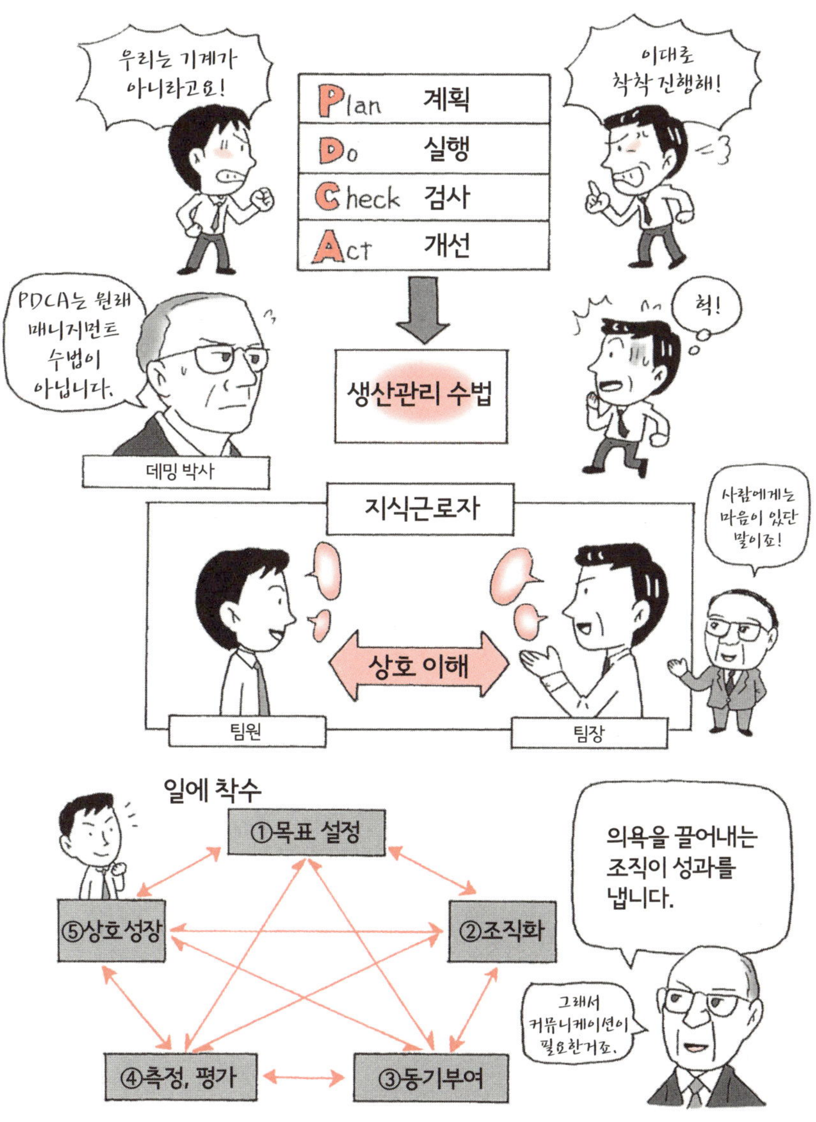
우리는 기계가 아니라고요!
이대로 착착 진행해!
Plan 계획
Do 실행
Check 검사
Act 개선
생산관리 수법
PDCA는 원래 매니지먼트 수법이 아닙니다.
헉!
데밍 박사
지식근로자
사람에게는 마음이 있단 말이죠!
상호 이해
팀원
팀장
일에 착수
①목표 설정
의욕을 끌어내는 조직이 성과를 냅니다.
⑤상호 성장
②조직화
그래서 커뮤니케이션이 필요한거죠.
④측정, 평가
③동기부여

Step 18
팀의 생산성을 끌어올리고 싶다

팀원들의 일 처리에 낭비가 많다. ▶▶

팀원 각자의 개성에 맞게 업무를 할당한다고 했지만 성과가 기대만큼
나지 않습니다. 시간도 예산에도 한계가 있는데 좀 더 효율적으로 일해서
생산성을 높일 수 없을까요?

적재적소의 배치만으로는 부족하다

팀원의 개성을 판단하고 거기에 맞는 일을 시키는 것, 즉 인력을
적재적소에 배치하면 팀장으로서 할 일은 끝난 것일까? 팀과 조직
의 생산성을 높이기 위해서는 또 다른 시각이 필요하지 않을까?

업무를 네 단계로 재점검한다*

업무를 재점검하라는 지시가 내려지면 일단 '불필요한 작업을 없
앨' 궁리를 한다. 하지만 드러커는 **요구받은 최종 결과에서부터 업무를**

재점검해야 한다고 말한다. 왜냐하면 일의 성과는 수용자가 결정하는 것이기 때문이다. 업무를 재검토하는 순서는 다음과 같다.

(1) 업무의 목적과 최종 성과, 업무 과정에서 얻게 되는 성과(물건, 돈, 정보 등)와 그 이용자, 작업과 순서, 일에 필요한 자원(정보 등)을 명확히 한다.

(2) 최종 성과를 실현하기 위한 과정이라는 시각에서 전체적인 순서를 짠다.

(3) 평가 순서와 평가 수단을 미리 정해 두고, 각 과정에 투입되는 시간이나 결과를 측정한다.

(4) 업무에 쓰일 도구를 준비해 둔다(목수라면 망치나 대패, 정보를 다루는 일이라면 IT라는 도구가 필요).

팀장은 조직 및 팀의 업무를 이러한 시점에서 재점검하는 습관을 갖는 것이 좋다. 이 모든 과정은 업무의 품질을 보증하는 활동이다.

*참고: 《매니지먼트》 17장

업무 설계는 업무 담당자에게 맡긴다

팀이나 조직의 생산성을 높이려면 반드시 일 그 자체의 생산성을 올려야만 한다. 그러므로 '최종적으로 어떤 결과를 내야 하는지' '그러려면 무엇을 해야 하는지'를 염두에 두고 작업을 재점검하여 **업무**

설계도를 새로 짜도록 한다.

업무를 아무리 논리적으로 잘 설계했어도 그 일을 맡아 줄 사람이 없으면 설계도는 제 역할을 하지 못한다. 담당자가 적극적으로 일하려는 동기가 생겨야 최적의 인력 배치라고 할 수 있다. 그런 이유에서라도 업무 설계는 담당자가 하는 것이 좋다고 드러커는 말한다.

업무 재점검에 IT는 필수

업무를 재점검할 때는 정보도 필요하다. 수집한 정보를 IT를 이용해서 통계적으로 처리하여 그 결과를 각 담당자에게 피드백하는 절차가 있어야 한다. 이 작업은 부하를 성장시키고 업무를 개선하는 데도 도움이 된다. 팀장에게는 팀이 필요로 하는 정보를 IT 전문가(조직 내 IT 부문, 담당 부서, 혹은 외부 위탁한 IT 관련 회사)에게 전달할 책임이 있다.

적재적소로 배치해서
일을 재점검하고
낭비를 없앴다.
근데 왜 성과가 없는 거야?
□□회사 / ○○팀
업무 분석
순서 평가
필요한 자원 준비
부족한 것을 추가하면 되는 거였군!
성과를 이루었는지 재점검합시다.
□□회사 / ○○팀
정보 수집, 처리 작업 들어갑니다.
정보의 흐름에 따라 업무를 재점검합시다.
IT 전문가
□□회사 / ○○팀

Step 19
팀원들이 지시에 따르지 않는다

요즘 신입은 상사의 지시를 따르지 않는다. ▸▸

내가 신입이었을 때는 상사가 지시하면 고분고분 따랐습니다. 그런데 요즘 팀원들은 뭘 시켜도 마지못해 하거나, 하더라도 진지함이 없고 건성으로 합니다. 심지어 반발하는 팀원도 있습니다.

팀원은 팀장의 도구가 아니다

자신의 수족이나 기계처럼 팀원을 대한다면 팀원은 이를 받아들이지 않을 것이다. 팀장 자신과 마찬가지로 팀원도 스스로 생각하며 일하는 지식근로자라는 점을 잊지 말자.

동기부여를 위해 부하를 '참여시킨다'

제일 좋은 교육은 상사가 직접 부하에게 모범적인 행동을 보이는 것이다. 그러나 지식근로자인 부하가 책임감을 갖고 의욕적으로 일에 몰두할 수 있는 환경을 만드는 것도 상사의 역할이며 책임이다.

어느 IT 기업에서는 고객과 만나는 자리에 프로그램을 제작하는 부하 기술자를 데리고 간다고 한다. 자기가 만들고 있는 프로그램이 어떤 목적을 가진 물건인지, 실무자 스스로 고객에게 직접 확인할 수 있는 구조를 만드는 것이다. 이로써 부하는 책임감과 의욕을 가지고 자기 일에 임할 수 있게 된다.

이처럼 일에 착수하기 전에 사내의 관계된 팀원이나 사외 거래처 만남에 부하를 참여시켜 상대방의 기대, 요구사항을 직접 듣게 하는 일은 매우 효과적이다. 그 기대나 요구에 응하기 위해 **우리가 어떤 공헌을 할 수 있을지 부하와 함께 생각하는 기회**도 된다. 더불어 업무를 재점검할 때 업무 설계에 부하를 참여시키는 것도 동기부여의 방법으로서 중요하다.

● ● ●
상하관계가 아닌 파트너 의식이 필요하다*

팀 전체가 좋은 결과를 내기 위해서는 필히 팀원들이 일에 대한 책임을 자각하도록 해야 한다. 팀원에게 책임감을 심어 주기 위한 방법으로 드러커는 다음의 방법을 제시한다.

(1) 담당자를 바른 자리에 배치하고 생산적으로 일하게 하며 높은 목표를 갖게 한다.

(2) 담당자에게 작업 상황과 결과에 관한 정보를 피드백한다.

(3) 업무에 필요한 지식이나 피드백을 통해 부족한 능력이 보이면 이를 보충할 수 있도록 지속적으로 학습을 지원한다.

(4) 업무의 분석, 설계 작업에 부하를 참여시킨다.

(5) 사전 승인을 통해 사용 가능한 경비의 액수 등 부하의 권한을 명확히 알려 준다.

인재 활용에서 중요한 점은 채용과 육성에 시간을 들여야 한다는 것이다.

상사와 부하의 관계는 **머리와 손발의 관계가 아니라 파트너라는 마음 자세**가 필요하다. 팀원들의 가치관이나 강점, 업무 스타일을 활용해야 비로소 팀장도 자기 성과를 올릴 수 있다.

*참고:《매니지먼트》21장

권한
책임
시키는 대로 해!
불신
반항
불안
팀원은 팀장의 도구가 아닙니다!
권한
책임
팀원인 지식근로자에게 동기를 부여하려면
좀 더 ○○했으면…
얘기 좀 들어주시지.
책임 있는 일을 하고 싶어!
(1) 바른 자리에 배치하고, 목표를 높이 갖게 한다.
(2) 업무 상황과 결과를 피드백한다.
(3) 부족분을 메울 학습을 지원한다.
(4) 업무 분석이나 설계에 참여시킨다.
(5) 팀원의 권한을 명확히 한다.
부하의 능력을 짓밟았던 건가!
이 기획을 같이 해주게.
네!
다음 주부터 ○○연수였지?
네, 열심히 하겠습니다.

Step 20
과거의 방식이 통하지 않는다

작년과 똑같이 했는데 결과가 좋지 않습니다. 상사에게 보고했더니 왜 시장 변화를 파악하지 않았느냐는 지적을 받았습니다. 시장분석도 판촉 계획도 작년처럼 한 건데 뭐가 문제일까요?

문제의 근원은 마케팅보다 깊은 곳에 있다

작년과 같은 방식으로 일을 시작했다고 작년과 동일한 성과를 얻을 것이라는 기대는 하지 않는 것이 좋다. 드러커는 어제의 성공 요인이 오늘의 실패 요인으로 작용한다고 말했다. 시대도 변하고 상황도 변한다. 당신의 의지와 업무 능력이 제자리라면 발 빠르게 움직이는 세상 속에서 성과를 내기란 당연히 어렵다.

실패의 원인은 지금까지 해온 시장조사나 판촉과 같은 표면적인 마케팅 활동에만 있지 않다.

예기치 못한 사건은 혁신의 징조

'지금까지와 똑같이 마케팅 활동을 했는데 실패했다'고 하는 예상치 못한 사건이 발생했다. 이것은 혁신을 일으킬 절호의 기회다.

혁신이란 뛰어난 성과를 위해 **제품, 서비스, 업무 방식을 개선할 뿐 아니라 아예 새로운 것으로 대체해 버린다**는 의미다. 자기만 혁신을 향해 나가는 것이 아니라 조직이나 부하도 끌어들여 혁신의 선두에 서는 사람을 드러커는 **체인지 리더**라고 부른다.

• • •

체인지 리더의 네 가지 일*

드러커는 체인지 리더가 할 일을 다음 네 가지로 들었다.

(1) **어제를 버린다.**

- 설령 과거에 성공했어도 시기가 변해 효력이 떨어졌다면 더 이상 집착하지 않는다.

(2) 끊임없이 개선한다.

- 목표와 결과를 비교하는 피드백 분석을 통해 제품, 서비스, 업무 방식을 더 나은 방향으로 부단히 개선한다.

(3) 실적과 능력이 있는 자에게 혁신의 기회를 맡긴다.

- 조직 차원에서 시도해 보는 자세가 중요하며, 실패해도 담당자를 낮게 평가해서는 안 된다.

(4) 혁신을 일으키는 일곱 가지 계기를 놓치지 않는다(Step 11 참고).

이러한 개혁의 시도에는 설령 자그마한 싹이라도 조직 전체를 움직일 만큼 크게 성장시킬 수 있는 힘이 숨어 있다.

*참고:《21세기 지식경영》3장

기업가 정신이 뒷받침된 혁신이 중요하다

다만 지나치게 혁신을 추구한 나머지 색다른 것, 조직 개혁에만 치달아 도리어 조직에 혼란을 가져오는 일은 피해야 한다.

'고객이 누구인가?' '고객이 원하는 가치는 무엇인가?' '우리가 제공해야 할 성과는 무엇인가?' 이러한 질문에 답함으로써 마케팅을 재검토하고 제품 및 서비스 개선을 도모할 필요가 있다. 이런 과업들을 실행하고자 하는 자세, 즉 **CEO처럼 일하는 태도**를 드러커는 **기업가 정신(entrepreneurship)**이라고 부른다.

작년이랑 똑같이 한 건데요.
이상하네요……
시장분석은 했나?
대체 뭘 한 거야!
혁신의 기회입니다.
?
?
과거의 동향
변화
현재의 동향
그 마음자세란,
정세에 맞는 방법을 써야 했어!
체인지 리더가 되어 보지 않겠나?
체인지 리더가 할 일
어제를 잊는다
피드백 분석을 통한 지속적 개선
끝없는 혁신 추구, 실패를 겁내지 않기
혁신의 기회를 놓치지 않기
기업가 정신이란 기업 운영 + 지속성
단순히 사업을 일으키는 것이 아니라 자사의 바람직한 상태를 끊임없이 추구하여 사업을 지속시켜 나가려는 자세를 말한다.

Step 21
인사평가가 어렵다

처음으로 부하를 평가하게 되었다. ▶▶

우리 회사에서는 성과주의를 토대로 인사평가를 합니다. 어제 고과 담당자 연수(인사평가 방법에 대한 교육)를 받고 처음으로 팀원들을 평가하게 되었습니다. 지정 서식에 따라 쓰기는 했는데 내가 제대로 평가했는지 확신이 서지 않습니다.

인사평가는 직장인의 인생을 좌우한다

회사의 인사 제도에서 인사평가는 직속 상사의 평가만으로 결정되는 것이 아니다. 때로는 한 단계 위의 선배나 후배, 동료들의 평가도 영향을 미친다. 당신의 평가가 자칫하면 팀원의 인생에 중대한 영향을 미칠지도 모른다. 진지하게 임해야 할 과제다.

점수 매기기가 아니라 성장의 기회로 파악하자

팀원을 평가할 때는 평가자의 개인적 기호가 아니라 직장이나 팀

성과에 대한 공헌도가 우선되어야만 한다. 나아가 '점수를 매긴다' 는 의미보다는 팀원 개개의 강점을 개발하고 강점을 키우는 일에 초점을 맞추어야 한다고 드러커는 말한다.

팀원을 올바로 평가하기 위해서는 면담을 활용할 필요가 있다. 실수로라도 부하의 강점이나 가능성을 손상시키는 기준으로 평가해서는 안 된다.

팀원의 강점을 끌어내는 여덟 가지 평가 기준*

조직의 목적은 구성원들의 강점을 끌어내 전원이 협력하여 성과를 올리는 것이다. 그러기 위해서는 인사고과와 같은 기회를 잡아 팀원들과 함께 다음과 같은 마음가짐이나 **일 처리 상황을 서로 확인**하는 것이 중요하다.

(1) 목표나 성과의 기준을 스스로 높여, 도전하는 습관을 들이고 있는가?

(2) 의사, 행동을 결정할 때 문제가 아닌 기회에 초점을 맞추고 있는가?

(3) 경영 이념과 같은 조직의 신조와 가치관에 따라 행동하고 있는가?

(4) 자기계발과 자기 성장만이 아닌 타인의 성장을 돕고 있는가?

(5) 지위나 학벌에 좌우되지 않고 정말 올바른 것을 생각해서 행동하고 있는가?

(6) 자기 자신은 물론 후배, 동료, 상사의 강점을 살리는 매니지먼트를 하고 있는가?

(7) **일곱 가지 경험을 활용하고 있는가?**(Step 1~4 참고)

(8) **성실한가?** (이 부분은 다른 항목보다 비중이 커도 좋다.)

장기적이며 여러 방면에 걸쳐진 일에서 성과를 올리려면 이와 같은 **일에 대한 마음가짐**을 지속적으로 유지하는 것이 중요하다고 드러커는 말한다.

*참고:《매니지먼트》36장

••• 실패 없는 사람은 믿을 수도, 평가할 수도 없다

한편 드러커는 평가할 수 없는 인물, 즉 신용할 수 없는 인물로서 '일에서 실수한 적이 없고 일을 그르친 적도 없고 실패한 적도 없는 사람'을 들고 있다. 새로운 일에 도전하고 실패하면서 사람은 성장하기 때문이다.

요컨대 **'강점이 없는 것'을 강점으로 착각해서는 안 된다**는 말이다.

(1) 일의 목표를 높게 세우고 있는가?
(2) 기회를 중시한 의사결정, 행동을 하고 있는가?
(3) 조직의 가치관에 따라 행동하고 있는가?
(4) 타인의 성장을 돕고 있는가?
(5) 직위에 좌우되지 않고 판단, 행동하고 있는가?
(6) 본인이나 타인의 강점을 살리고 있는가?
(7) 드러커의 일곱 가지 경험을 활용하고 있는가?
(8) 성실한가?

Step 22
생산성 낮은 회의를 개선하고 싶다

회의가 완전히 매너리즘에 빠져 있다. ▶▶

회의 운영을 제가 담당하게 되었습니다. 우리 회사에는 쓸모없어 보이는 회의가 너무 많은 것 같습니다. 불필요한 시간을 줄이고 좀 더 효율적인 회의가 되기 위한 좋은 방안이 있을까요?

아무에게도 도움이 안 되는 회의는 회의가 아니다

목적에 따라 다르겠지만 그 결과가 참가자나 관계자의 업무에 도움이 되어야 비로소 의미 있는 회의라고 할 수 있다. 아무리 중역이나 상사가 주관한다고 해도 업무에 도움이 안 되면 의미가 없다. 회의의 성과는 오로지 목적과 방식에 따라 좌우된다.

회의는 충분한 준비에서 시작된다

드러커도 회의의 목적에 따라 당연히 준비도 다르고 성과도 다르다고 말한다. 따라서 회의 준비는 그 회의의 목적과 기대하는 결과를 주최자에게 확인하는 일로부터 시작된다. 이 회의의 목적은 무엇인지, 어떤 결과를 원하는지, 참가자는 누구이며 개최 일시와 장소는 어디인지, 회의에서 나온 결과물(보고서, 의사록 등)은 무엇인지를 문서든 어떤 형식으로든 주최자에게 확인해 두어야 한다.

다음으로 회의 당일에 필요한 자료를 확인하고 회의 진행 시간 분배표를 만든다. 만일 매월 갖는 회의라면 다음 달의 계획에 대해 검토할 시간을 충분히 갖도록 하고, 보고 회의라면 보고 후에 의견 교환이나 참가자에 대한 교육 시간을 마련해도 효과적이다.

경우에 따라서는 회의실을 확보하거나 기자재를 준비하는 일이 우선시 될 수도 있다. 참가자들이 미리 읽고 와야 할 자료가 있다면 IT 도구를 활용해서 사전에 열람하도록 해둔다.

회의 며칠 전에는 참가자들에게 알림 메일을 보내는 작업도 필요하다. 회의에 참가해야 할 사람의 출석을 확실하게 확인하기 위해서다.

회의 진행의 다섯 가지 핵심 포인트*

회의 시간을 충실하게 꾸리는 것도 능력이다. 드러커는 회의 진행 방식에 대해 다음과 같이 서술했다.

(1) 중요한 발언을 할 만한 사람에게는 사회를 맡기지 않는다.

(2) 회의 초반에 그 회의의 '목적'과 '달성해야 할 공헌'을 명확히
밝힌다.

(3) 참가자 모두가 논의에 참여하도록 한다.

(4) 회의가 목적에서 벗어나지 않기 위해 상호 자제하도록 한다.

(5) 회의를 마칠 때는 '목적 및 공헌'과 결론(결정 사항이나 과제 등)을
연관 지어 정리한 다음, 전원의 동의를 얻어 마무리한다.

좀 더 현실적인 부분이지만 사전에 서기를 정해 두고 회의가 종료되면 의사록을 완성해 놓는 일도 중요하다. 회의의 결과물, 결정 내용, 숙제, 과제 해결 담당자, 기한 등의 사항을 참가자와 관계자에게 철저히 주지시키는 것도 잊어서는 안 된다.

회의 자체를 일로 파악하여 내실 있고 생산적인 시간으로 만들어야 한다.

*참고:《피터 드러커의 자기경영노트》3장

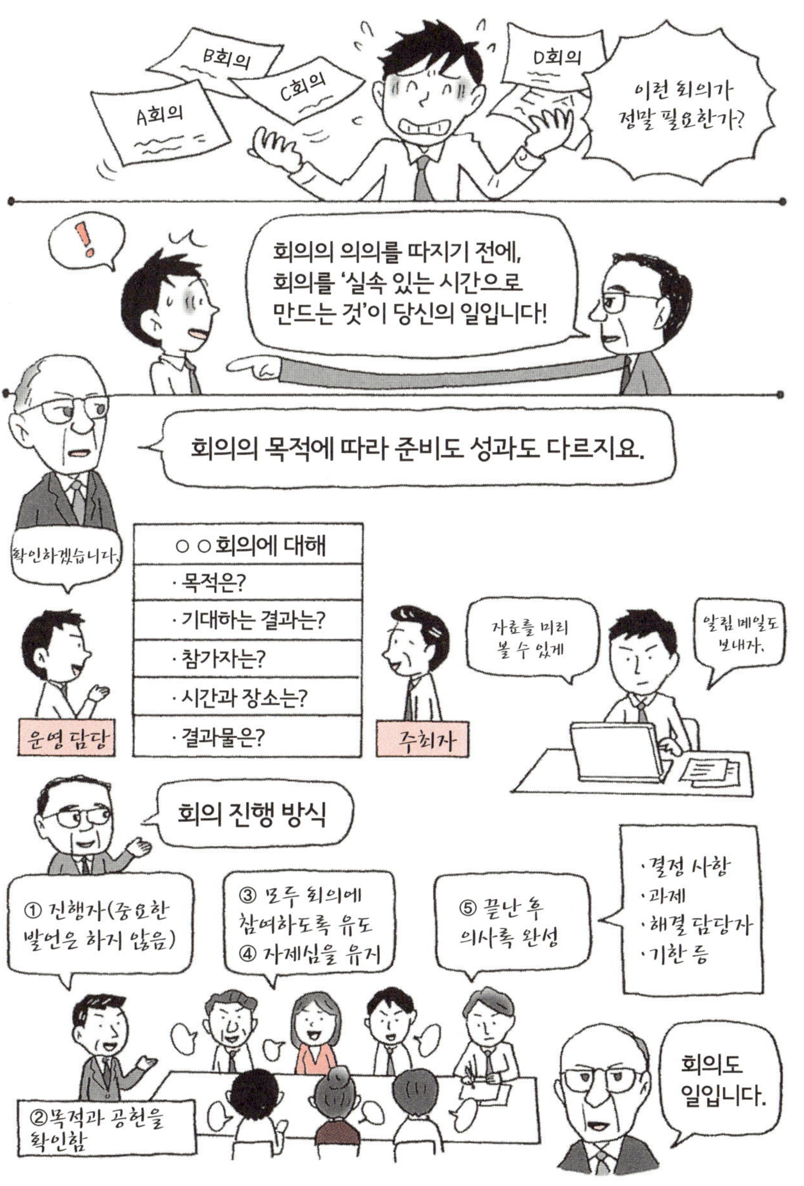
B회의
A회의
C회의
D회의
이런 회의가 정말 필요한가?
회의의 의의를 따지기 전에, 회의를 '실속 있는 시간으로 만드는 것'이 당신의 일입니다!
회의의 목적에 따라 준비도 성과도 다르지요.
확인하겠습니다.
○○회의에 대해
·목적은?
·기대하는 결과는?
·참가자는?
·시간과 장소는?
·결과물은?
운영 담당
주최자
자료를 미리 볼 수 있게
알림 메일도 보내자.
회의 진행 방식
① 진행자(중요한 발언을 하지 않음)
③ 모두 회의에 참여하도록 유도
④ 자제심을 유지
⑤ 끝난 후 의사록 완성
·결정 사항
·과제
·해결 담당자
·기한 등
②목적과 공헌을 확인함
회의도 일입니다.

Step 23
사내 인간관계를 개선하고 싶다

팀원끼리 서로 도우려고 하지 않는다. ▶▶

회사에서는 서로 가볍게 농담도 하는 밝은 분위기지만 일에 있어서는
팀원들끼리 협력하는 체제가 부족한 것 같습니다. 이런 관계가 이상적인
것인지에 대해서는 확신이 없습니다.

지식근로자는 직장의 유대감을 추구한다

기업에서 일하든 아니면 병원이나 학교 같은 곳에서 일하든, 지식
근로자는 경제적 보수에 대한 기대만으로 일하는 것이 아니다. 환자
의 질병을 고치거나 학생들에게 지식을 가르치는 것처럼 일을 통해
보람을 추구한다.

그와 동시에 지식근로자는 직장 동료들과 심리적 유대관계를 맺
고자 하는 바람도 있다.

상사와의 신뢰 관계가 사내 인간관계의 기초다*

의외인 것 같지만, 직장에서 원만한 인간관계를 바란다면 먼저 **자신의 상사와 신뢰 관계를 구축해야 한다.** 부하도 그 모습을 지켜보고 있기 때문이다. 드러커는 상사와 신뢰 관계를 쌓기 위해 꼭 지켜야 할 지침을 제시한다.

　(1) 상사가 효과적으로 일하며 높은 성과를 낼 수 있도록 돕는다.
　(2) 상사의 성격에 맞추어 서면이나 구두로 한 달에 한 번은 꼭 보고를 한다.
　(3) 상사의 강점을 살리고 약점을 보완한다.

내가 먼저 상사와 잘 지내면 부하도 안심한다. 상사와 신뢰 관계를 구축하지도 않고 부하와만 좋은 관계를 맺으려고 서두른다면 양쪽 관계가 다 어그러질 위험이 있다.

*참고:《미래기업 *Managing for the Future*》22장

리츠칼튼의 평가 기준은 '상부상조'

고객만족도가 높기로 유명한 호텔 브랜드 리츠칼튼의 직원들은 서로 협력하고 돕는 모습이 일상적이다. 동료가 어려움에 처하면 너나 할 것 없이 도움될 일을 찾아서 한다. 직원 간의 협력이 결국에는 고객 만족으로 이어진다고 생각하기 때문이다. 도움을 받은 직원은

어떤 도움을 받았는지 회사가 준비해 둔 카드에 적어 도와준 직원에게 감사의 마음을 담아 건넨다. 카드의 사본을 인사부가 모은다. 그리고 회사는 카드를 정기적으로 집계해서 동료를 도운 직원을 평가한다.

드러커는 **공헌에 초점을 맞추라**고 말한다. 동료의 문제를 돕는다는 공헌에 초점을 맞추고 있는 일터에서는 결과적으로 이상적인 인간관계가 구축된다. 리츠칼튼 호텔도 정기적으로 실시하는 직원 만족도 조사에서 '근무 환경' '업무에 대한 보람' 양쪽 다 높은 만족지수를 나타내고 있다고 한다.

업무 외적인 부분에서도 동료 의식을 높여야 한다

높은 성과를 내는 일터로 만들려면 업무에 바탕을 둔 인간관계 외에도 필요한 것이 있다. 가령 직원들끼리의 친목 모임이다. 생일 축하 파티처럼 정기적으로 작은 모임을 마련하여 동료 의식을 높이는 노력이 양질의 업무 실적으로 이어지고 있는 회사도 있다. 드러커도 이런 **직장 커뮤니케이션이 중요하다**고 이야기한다.

아, 그때 이 대리가 얼마나 웃겼는지~
과장님 재밌으셔~
하하하
……
그래서 말야, 어랏?
……
김 부장, 잠깐 시간 나는가?
흠흠
앗, 전무님……
……
먼저 상사와 신뢰 관계를 쌓읍시다!
(1) 상사를 돕는다.
(2) 상사의 성격에 맞춰 월 1회 보고한다.
(3) 상사의 강점을 살리고 약점을 보완한다.
공헌에 초점을 맞추는 것도 잊지 말자.
신뢰
평가
서로 돕기
서로 돕기
서로 돕기
유대
만족
편하게들 해.
일뿐 아니라 친목회를 통해서도 동료 의식을 높입시다.

Step 24
팀장으로서 자신감을 키우고 싶다

팀원들 뒤치다꺼리도 지겹다. ▶▶

팀장이 되었지만 팀장으로서 평가 받을 자신이 없습니다. 솔직히 내가 하고 싶은 일도 제대로 감당하기 바쁘고 힘든데, 팀원들까지 관리하는 뒤치다꺼리만 떠맡은 것 같은 기분입니다.

팀장 업무에 개선이 필요하다

팀원을 챙기는 것은 팀장이 해야 할 당연한 일이다. 다만 자기가 하고 싶은 일을 할 수 없다는 부분에 대해서는 매니지먼트를 통해 개선할 수 있을 것이다. 팀장이 익혀야 할 부분을 생각해 보자.

경영자에게 배우는 '좋은 팀장이 되는 법'*

이번 기회를 살려 성장한다면 자신뿐 아니라 회사 측에서도 분명 반가운 일일 것이다. 드러커는 컨설턴트로서 생활한 65년 동안 함께 일했던 경영자들이 팀장이나 관리자로서의 스킬을 익히기 위해 썼던 방법들 가운데 다음과 같은 공통점이 있음을 발견했다.

(1) 팀장의 목적과 사명을 알기 위해 대화를 많이 한다.

- 상사와의 면담이나 팀원들과의 대화를 통해 '내가 무엇을 해야 하는가' '이 직장에서는 무슨 일을 해야 하는가'를 생각하고 명확히 한다.

(2) 팀장의 목적과 사명을 효과적으로 수행하기 위해 다음을 실시한다.

- 목표와 예상 결과와 진행 상황을 알 수 있도록 체크 포인트 등을 기록한 업무 활동 계획(action plan)을 세운다.
- 팀원에게 맡긴 과제와 그 실행 책임자, 기한, 관계자를 명확히 한다.
- 업무 활동 계획과 그 활동에 필요한 정보에 대해 관계자와 커뮤니케이션을 취해 상호 이해를 다진다.
- 반년마다 **'기회와 인재리스트'**를 사용하여 **적재적소에 인력을 배치**한다(부록 참고).

(3) 조직 전체에 팀 의식과 책임을 자각시키도록 다음을 실시한다.

- 회의의 비효율성을 없애고 생산성을 높인다.
- '나'가 아닌 '우리'의 사고방식으로 발언함으로써 목적과 비전을 공유하고 팀 의식을 기른다.

*참고:《피터 드러커의 자기경영노트》서장

회사의 책임자이자 사업의 책임자인 팀장

팀장은 일반 사원보다 책임이 더 크다. 팀장이 내린 하나의 의사 결정에 영향을 받는 사람은 팀원이나 관계 부처의 직원들만이 아니다. 조직이 사회에 제공하는 서비스, 제품의 고객들까지 포함하면 영향의 파급 범위는 어마어마하게 넓어진다.

조직이 가지는 사회적 책임은 기업마다 분담되어 있지만 실제 이 모든 책임마다 계약을 체결하는 것은 아니다. 따라서 사내에서 책임자 입장에 있는 사람은 마음가짐 측면에서 **자기 회사의 최종 책임자와 같은 기업가 정신을 지녀야 한다.**

각 회사의 목적은 사업의 목적과 마찬가지로 고객 창조다. 상사인 팀장에게는 고객 창조라는 목적에 공헌해야 할 책임이 있다.

(1) 팀장의 목적과 사명을 안다.
자기 회사의 목적이나 과제를 명확히 한다.

(2) 목적과 사명을 수행하려면?
· 행동 계획을 만든다.
· 행동 계획에 대해 이해를 다진다.
· 기회와 인재리스트를 써서 적재적소에 인력을 배치한다.

(3) 팀 의식과 책임을 자각시킨다.
· 회의를 생산적으로 만든다.
· '내'가 아닌 '우리'로 생각하고 말한다.

▶ **관리(Control/ Management)**

PDCA 사이클을 돌리는 일과 관리를 동일시하는 경우가 많다. PDCA는 데밍 박사가 제창한 품질관리 수법으로 드러커의 매니지먼트와는 전혀 다르므로 유의하자. 'Control'이나 'Management'는 둘 다 '관리'로 번역될 수 있어 혼동하기 쉽다.

▶ **품질관리(Quality Control)**

기대되는 기준이나 요구에 딱 맞는 외형과 내실을 계속적으로 실현 가능하도록 일을 통제하는 일. 줄여서 QC라고도 한다. 데밍 박사가 통계를 사용한 품질관리를 제안하여 제조업에서 활용되고 있다.

▶ **다섯 가지 기본 과업(Five Basic Operations)**

드러커가 말한 매니지먼트의 기본 업무. 목표 설정, 조직화, 동기부여, 측정과 평가, 상호 성장의 다섯 가지 과업에 ① 부하를 참여시키고 ② 부하와 커뮤니케이션을 도모하며 ③ 인재의 강점을 살리는 동시에 상사, 부하의 성장을 촉진시키는 것이다.

▶ **커뮤니케이션(Communication)**

정보를 교환하는 활동으로 지식이나 생각에 대해 서로 알아가는 행위. 상대방의 언어를 사용해서 말하고, 말하기보다 들으며, 서로의 차이를 발견하는 것이 중요하다.

▶ **업무 설계(Designing Managerial Jobs)**

직무 설계를 의미한다. 드러커는 일에 요구되는 최종 성과를 확인한 후에 업무 과정을 재점검하여 담당자에게 설계를 맡기고 매니지먼트의 요소를 도입하라고 한다.

▶ **어제를 버린다**(Abandon Yesterday)

드러커는 내일을 건설하고 오늘의 과제를 수행하려면 어제를 버려야 한다고 말한다. 기존 사건이나 과거의 성과에 매여 있으면 앞으로 나갈 수 없다.

▶ **기회와 인재리스트**(List for Opportunities and People)

혁신의 성공 확률을 높이는 방법. 혁신의 계기가 되는 현상을 기록해 두고 실적 있는 유능한 인물의 목록을 작성해서 최고의 기회를 최고의 인물에게 맡긴다. 적재적소, 젊은 인력 중심의 사고방식을 여기서도 엿볼 수 있다.

▶ **기업가 정신**(Entrepreneurship)

CEO처럼 일하는 정신. 변화를 당연시하고 건전하게 여기는 마음이다. 조직과 사업에 대한 고객 창조의 열정과 신념을 가지고 마케팅과 혁신이라는 매니지먼트의 업무를 수행하는 자세다.

▶ **일 처리**(Performance)

개인이 조직의 일에 임하는 자세, 작업 상황이나 상태. 어떤 성과가 나오느냐는 일 처리에 달려 있다.

▶ **업무중심주의**(Spirit of Performance)

자신의 최고 실력으로 좋은 결과를 내기 위해 그에 적합한 퍼포먼스를 발휘할 수 있도록 돕는 조직이나 직장의 신조, 신념, 분위기. 업무를 중시하는 정신 및 조직 풍토.

함께 읽으면 좋은 드러커의 책

▶ 《**피터 드러커 자서전** *Adventures of a Bystander; 1979*》(한국경제신문, 2005)

　드러커 반생의 자서전. 심리학자 프로이트를 비롯한 거물급 인물뿐 아니라 본인이 매우 좋아했던 할아버지의 가르침도 소개한다. 인간적 측면에서 매니지먼트를 연구하게 된 경위, 사람들과의 신비로운 만남, 자기가 만난 인물에 대한 이야기를 온화하고 인간미 넘치는 감성으로 엮은 수작이다.

▶ 《**격변기의 경영** *Managing in Turbulent Times; 1980*》(국내미출간)

　정치도 경제도 한 치 앞을 내다볼 수 없는 상황은 오늘날도 계속된다. 지식근로자는 표면적인 변화에 눈을 빼앗기기 쉽다. 하지만 드러커는 인구구조의 변화뿐 아니라 더 근본적인 변화를 우리에게 제안하며 경종을 울린다. 격변기를 무사히 넘기고 조직의 목적지에 도달하기 위한 현실적인 방법이 무엇인지 말한다.

▶ 《**미래사회를 이끌어가는 기업가 정신** *Innovation and Entrepreneurship; 1985*》
　(한국경제신문, 2004)

　드러커에 의하면 기업가 정신이란 비단 지식, 기술이나 마음 자세뿐만 아니라 변화를 위한 실행을 의미한다. 현상 유지가 어떻게 보면 편한 듯 하지만 '이대로 괜찮을까' 하는 불안한 마음이 드는 것도 사실이다. 개인과 조직이 무엇을 목적으로, 어떻게, '변화를 위한 실행'을 매니지먼트하면 좋을지 이 책에서 배울 수 있다. 드러커는 미래를 위해 지금 바로 행동하라고 설파한다.

▶ 《**프런티어의 조건** *The Frontiers of Management; 1986*》(청림, 2011)

　궁지에 몰린 조직이 어떻게 미래를 그려야 할지 알 수 있는 책. 21세기는 과거에 배운 지식과 최첨단 지식이 서로 통용되지 않는 시대다. 사소한 생각의 차이와 그에 대한 자각을 가지고 일함으로써 더 나은 사회를 만들어 나간다는 자신감을 얻을 수 있다. 생각이 굳어진 사람에게도 특효약이 될 만한 책. 마지막으로 드러커는 우리에게 이렇게 묻는다. '매니지먼트하고 있습니까?'

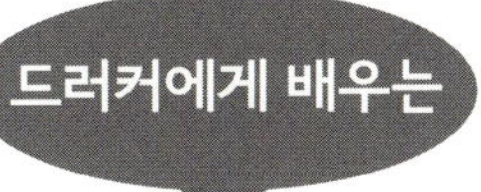

중역을 위한
매니지먼트 중급

드러커 매니지먼트 중급편.
신뢰 받는 리더 또는 중역으로 서기 위해 필요한
매니지먼트를 배운다.
매니지먼트의 4단계에 해당한다.

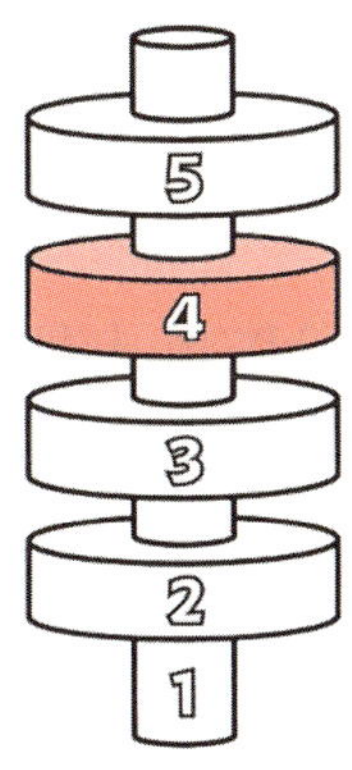

이 파트에서 익힐 내용

드러커의 매니지먼트 이론 중 중역들이 알아 두어야 할 매니지먼트를 배운다.

● 회사와 조직에 영향을 미치는 책임 있는 위치

직장인이라면 누구나 회사나 조직의 운영에 관해 의사결정을 하거나 어떤 행동을 취해야 할 상황을 맞는다. 입장은 달라도 모든 업무를 이처럼 진지한 상황으로 대한다면 우리의 회사나 병원이나 학교가 좀 더 바람직한 결과를 낳을 수 있을 것이다.

회사에서 말하는 부장이나 집행위원, 중역, 사장이 내리는 의사결정 또는 행동만이 조직 전체에 영향을 미치는 것은 아니다. 마케팅이나 기획 부문, 연구 개발 및 기술 부문, 품질관리나 제조 부문, 영업, 물류, IT, 교육 부문, 재무나 법률 관리 부문에서 일하는 직원 한 명은 물론, 조직과 계약을 맺고 일하는 전문가나 기술자 한 사람의 의사결정과 행동 또한 회사 전체에 영향을 미치는 경우가 드물지 않다.

그리고 드러커가 지적하듯이 지식근로자나 테크놀로지스트는 본인의 성장을 위해서라도 자기가 속한 부문이나 조직 전체에 공헌하려는 마음가짐이 꼭 있어야 한다. 자기 자신을 회사에 유익한 도구로 생각하며 조직을 활용하기 바란다.

그러기 위해서는 조직이나 각 부문의 운영에 책임감을 갖고 공헌할 수 있도록, 그에 걸맞는 사고방식과 행동을 배워야 한다. 이는 당연히 모든 리더에게 요구되는 과제다.

Step 25
이윤지상주의는 틀렸다?

지난 번 회의 때입니다. 사장님이 "영리 조직이 이익을 추구하는 건 당연하다. 어떻게 해야 이익을 얻을 수 있을지 생각해라!"라며 회의를 마무리하셨는데, 마치 이익만 된다면 무슨 짓을 해도 좋다는 뉘앙스였습니다.

이윤이 무엇인지 재고한다

이윤 추구를 이야기할 때는 흔히 '땅 파서 장사하는 게 아니다'라는 식의 논리가 제기된다.

그러고는 앞으로 각 거래처에 얼마나 더 팔 수 있는지, 어느 부문에서 얼마나 비용을 줄일 수 있는지 진지하게 고민하기 시작하는 절차가 이어진다.

그러나 그 무엇보다 먼저 '과연 이윤이란 무엇인가?'에 대해 재고해 보는 것이 우선시 되어야 한다.

이윤은 기업의 목적이 아니다*

만약 이윤만이 경영의 최고 목적이라 한다면 고객도 직원도, 일 그 자체도 2순위가 된다. 하지만 상상해 보라. 고객보다 이윤을, 직원보다 이윤을, 일보다 이윤을 우선하는 기업을 말이다. 양적인 확대, 외적인 성장만 중요시하는 기업이라는 실상이 알려진다면 결국 고객은 모두 떠나갈 것이다. 의욕이라고는 하나도 없는 직원들이, 당장이라도 부서질 듯한 낡은 기계로 일하는 곳에서 제대로 된 상품이 생산되고 좋은 경영이 이뤄질 리가 없지 않은가.

물론 이윤을 내지 않으면 기업은 유지될 수 없다. 그래서 드러커는 **이윤은 목적이 아니라 기업 활동의 한계 요인**이라고 말한다. 아무리 성인군자처럼 욕심 없는 사람이 경영을 맡았다 해도 수익성을 무시하고 적자를 방치하거나 도산을 목표로 경영 활동을 하지는 않는다.

이런 의미에서 **이윤은 장래의 기업 활동을 위해 필요한 자본(비용),** 즉 **미래 비용**이며 기업의 존속 가능한 한계를 나타내는 지표라 할 수 있다.

*참고:《매니지먼트》6장, 8장

기업의 목적은 이윤이 아닌 고객 창조다

첫머리에 언급된 사장의 발언은 기업의 참모습을 생각하게 한다. '영리 조직이 이익을 추구하는 건 당연하다'는 발언에 대해 모든 사원이 호감을 가지고 받아들였는가? 마음 한 구석에 뭔가 틀렸다는 반발심이 든 사람도 있었다. 지나치게 이윤을 추구하여 고객에게 물건을 비싸게 팔아넘기는 가게를 다시 찾는 고객은 드물다.

드러커는 **기업이 이윤지상주의를 추구하면 안 된다**고 평생에 걸쳐 끊임없이 경고해 왔지만, 한편으로 이윤은 고용이라는 기업의 사회적 책임을 다하기 위해 꼭 필요한 요소라고도 말했다.

이 기회에 **'우리 회사는 무엇을 위해 존재하는가?'**를 다시 한 번 자문해 보기 바란다. **기업의 목적은 고객 창조**에 있다. 기업이 이익만을 위해 존재하는 것은 아니다. 물론 각 부문은 비용을 절감하기 위해 노력해야 하며 매출 향상을 위한 노력도 소홀히 하면 안 된다. 그런 노력이 있어야 이윤과 수익이 개선된다.

이윤과 고객 만족, 직원 복지 및 제품의 질이 모두 조화를 이룰 때 진정한 의미의 기업 활동이라고 볼 수 있다.

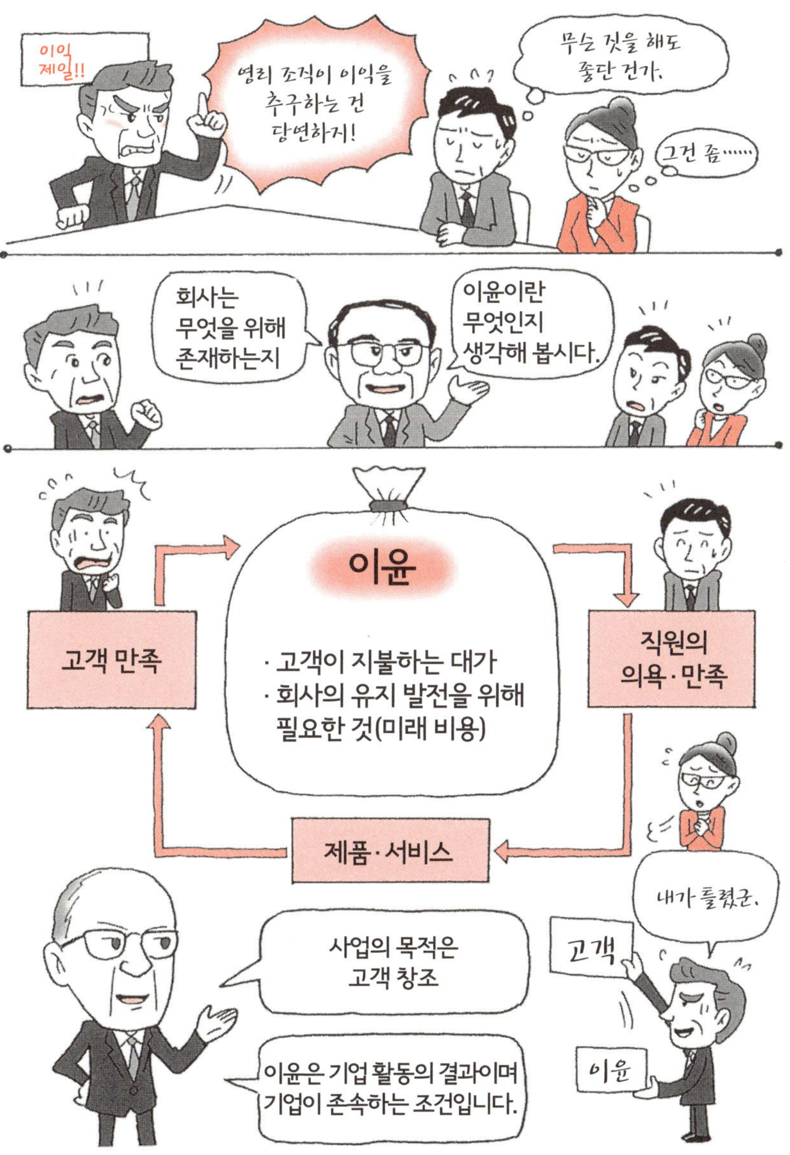
이익 제일!!
영리 조직이 이익을 추구하는 건 당연하지!
무슨 것을 해도 좋단 건가.
그건 좀……
회사는 무엇을 위해 존재하는지
이윤이란 무엇인지 생각해 봅시다.
이윤
· 고객이 지불하는 대가
· 회사의 유지 발전을 위해 필요한 것(미래 비용)
고객 만족
직원의 의욕·만족
제품·서비스
내가 틀렸군.
고객
이윤
사업의 목적은 고객 창조
이윤은 기업 활동의 결과이며 기업이 존속하는 조건입니다.

Step 26
제대로 된 경영전략을 세우고 싶다

안이한 경영전략이 걱정된다. ▶▶

연말이 되면 회의에서는 늘 "내년 경영전략에 대해 좋은 생각들 없는가?"
하고 묻습니다. 매년 회의에서 이런 질문을 받을 때면 우리 회사는 경영전
략을 세우는 방식이 너무 안이한 게 아닌가 우려됩니다.

고객의 시점에서 출발하는 자세가 필요하다

사업이 계속 이어질 수 있는 이유는 대가를 지불하고 제품이나 서
비스를 구입하는 고객이 있기 때문이다. 따라서 경영전략을 수립할
때는 고객의 입장에서 검토를 시작해야 한다. '누구 좋은 생각 없나?'
하는 질문만 반복해서는 제대로 된 경영전략을 세울 수 없다.

경영전략을 세울 때 다섯 가지 핵심 질문*

드러커는 경영전략을 세울 때 자문해 보아야 할 다섯 가지 중요한

질문이 있다고 말한다.

(1) 우리 회사의 목적과 사명은 무엇인가?

(2) 우리의 고객은 누구인가?

- 최종적인 고객만이 아니라 거래 회사도 포함하여 경영전략을 고려한다.

(3) 고객이 요구하는 가치는 무엇인가?

- 대가를 지불해서라도 구입하고 싶어 할 만한 가치가 무엇인지 사전조사를 철저히 한다.

(4) 우리가 이루고 싶은 성과는 무엇인가?

- 무엇을 제공해야 하는가? 고객이나 시장의 평가는 어떠한가? 이러한 것들에 민감한 반응을 보여야 한다.

(5) 우리의 계획은 무엇인가?

- 단기 및 중기 활동 계획으로 세분하여 잡는다.

덧붙여, 이 질문들에 답하기 위해서는 **'사업에 대한 명확한 규정'이 필요하다**고 말한다.

예를 들어 '착화감이 좋고 피로를 덜어 주는 신발을 전 세계에 제공한다'는 목적과 사명을 가진 기업이 있다고 가정해 보자. 그렇다면 '누구에게 그 신발을 신기고 싶은가' '그 사람이 원하는 착화감은? 어떤 피로를 어떻게 덜어 주는가?' '그 요구를 만족시키려면 무엇을 제공해야 하는가?' '그 물건을 어떻게 만들고 어떻게 고객에게 전달할 것인가' '구체적인 계획은 무엇인가' 등 이 모든 사항에 대해 진지하게 생각해야 한다. 이 질문들의 대답을 구체화한다면 세계적인 신발 회사가 되는 것이 꿈만은 아닐 것이다.

*참고:《매니지먼트》5~10장

각 분야의 활동 계획과 책임자를 결정한다

위의 질문 중 다섯 번째, '구체적인 계획은 무엇인가'에 답하기 위해서는 목적과 사명을 실현시킬 활동 계획을 세워야 한다. 활동 계획 속에는 제품의 제조, 영업 활동, 고객에 대한 사후 처리, 사무실 확보, 종업원 고용, 필요한 자금 확보, 효과적인 조직 구조 고안, 정보 시스템 구축 등이 포함된다. 그리고 이 모든 요소마다 목표(수량이나 기한 등)를 설정하고 실행 책임자를 정해야 한다.

경영에 필요한 이와 같은 활동을 드러커는 여덟 가지 영역으로 구분한다(Step 40 참고). 그리고 각 영역마다 목표를 세워 목표끼리 균형을 유지하면서 이끌어 나가는 것이 중요하다고 말한다. 더불어 사업의 정의는 환경문제나 저출산 고령화 사회, 글로벌화 등 사회적 요구의 변화에도 발맞추어 계속 재조정할 필요가 있다.

누구 뭐 좋은 생각 없나?
.....
글쎄요.
드러커
직장생활
먼저 '고객의 입장'에서 생각해 봅시다!
드러커
강습회
(1) 목적과 사명을 확인한다.
(2) 고객은 누구인가?
(3) 고객이 바라는 가치는 무엇인가?
(4) 어떤 성과를 원하는가?
(5) 활동 계획을 세운다.
우리의 사명은……
우리의 고객은……
성과는……
활동 계획은……

Step 27
경영진이 제 역할을 못한다

경영 간부의 활동이 미미하다. ▶▶

우리 회사의 경영진은 저마다 바빠서 한 달에 한 번, 경영 회의에서 겨우 얼굴을 마주하는 정도입니다. 각자 개별 사업 부문을 맡고 있어서 회사 전체적인 과제에 대한 대처는 뒷전입니다.

경영 간부라는 역할에 합당한 일을 해야 한다

경영진이 조직의 장래를 좌우할 회사 전반에 관련한 과제를 뒷전으로 하고 있다면 문제가 크다. 단지 바쁘다는 것이 문제일까? 최고 경영자를 비롯하여 중역이나 집행위원들이 마땅히 해야 할 일을 충실히 하고 있는지 점검이 필요하다.

경영진의 여섯 가지 업무*

경영진(CEO나 중역 등 간부)은 경영 회의의 구성원으로서 각자 업무와 역할을 분담한다. 이때 중역과 집행위원의 법적 책임의 차이를 제외하면 **모든 구성원이 각기 전문 분야를 가진 상하관계가 없는 조직**을 만들어야 한다. 드러커에 따르면 경영진에서 해야 할 일에는 다음 여섯 가지가 있다.

(1) 조직의 사명을 생각한다.

(2) 조직의 기준이나 규범을 설정하고, 가치관을 명확히 한다.

(3) 근로자 정신을 가지고 원만한 인간관계를 구축, 유지한다. 내일의 경영자를 육성한다.

(4) 고객과 주요 거래처와 관계를 유지하기 위해 섭외 활동을 한다.

(5) 회의 및 사교 행사에 참가한다.

(6) 중대한 위기 상황에 출동한다.

여기에는 조직의 성과를 결정하는 일뿐 아니라 오늘날 주목받는 내부통제에 관한 직무(조직 내부를 체크하는 각종 담당 업무. 회의 정보를 주주에게 올바로 전달하거나 법률을 지키기 위한 목적)도 포함되어 있다. 최고 경영자에게만 책임을 강요한다고 해서 과제가 해결되지는 않는다.

*참고: 《매니지먼트》 50장

경영진이 할 일은 '스스로 변화를 창조하는 것'

경제, 사회 환경이 세계적인 규모로 격동하는 오늘날에는, 당장

눈앞의 급변하는 상황에 맞춰 대응하려고 하면 도리어 조직이 혼란에 빠질 위험도 있다. 이런 상황에서 성과를 내기 위해서는 **스스로 변화를 만들어 내야 한다**고 드러커는 말한다.

어느 회사의 경영 회의에서는 '무엇이 우리 회사 경영의 앞길을 가로막고 있는가' '고객이 클레임하는 근본적인 원인은 어떤 업무에 있었나' '신제품 매출이 부진한 이유는 무엇인가' 등의 문제를 세 시간에 걸쳐 의논했다. 현장 담당자에게 몇 차례나 현장 상황에 대한 설명을 듣기도 했다. 그 결과, 성과가 없는 제품은 제조를 중지하고(사후 처리는 계속되도록 조치) 고객 클레임의 원인이 된 업무를 개선하는 등의 대책을 세웠다.

그러나 스스로 변화를 만들어 낸다는 시점에서 본다면 '혁신의 기회를 찾기 위해 현장을 잘 관찰해서 고객의 소리를 듣는다'거나, '직무에 서투른 직원을 새로운 사업 기회에 참여시킨다'는 대책 또한 검토할 수 있을 것이다.

조직 전체는 **변화를 추진하는 조직(change agent)**이 되어야 하며 스스로 변화를 창조하는 것이 경영진의 직무임을 기억해야 한다.

또한 경영 간부나 매니저는 자신의 매니지먼트에 대한 평가에도 책임이 있다. 드러커는 **투자, 인사, 혁신, 전략의 네 가지 시점**에서 예상과 결과를 비교하여 평가하는 **매니지먼트 평가표**(부록 참고)를 활용하도록 제안하였다.

😠 경영진이 제 역할을 못한다

(1) 조직의 목적과 사명 생각하기
(2) 규칙과 가치관을 명확히 하기
(3) 조직 내 인간관계, 인재 육성
(4) 고객을 위한 섭외 활동
(5) 회의 참가, 의논
(6) 위기 시에 출동

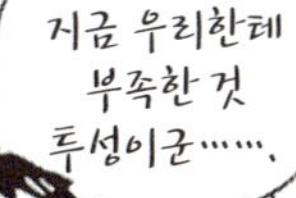

Step 28
이상적인 조직은 존재하는가?

우리 회사는 조직 구조가 자주 바뀐다. ▶▶

최근 몇 년간 조직 변경이 많았습니다. 하지만 인수인계도 제대로 되지 않아 어려움이 있었습니다. 이러한 조직 이동이 과연 성과로 이어질지도 의문입니다. 과연 효율적인 조직은 어떤 구조일까요?

왜 조직 구조를 바꾸는가?

'경영전략을 실현하기 위해' '거래처와의 유착 등 부정을 방지하기 위해' '인간관계를 재조정하기 위해' 등의 다양한 이유로 조직 구조를 변경한다. 까닭이 무엇이든 지나치게 자주 조직이 변경되면 자리를 잡기까지 수개월 동안 직원들이 지치고 의욕을 잃을 우려가 있다.

이상적인 조직을 만드는 순서

이상적인 조직은 뛰어난 성과를 내는 조직이라고 드러커는 말한다. 덧붙여 높은 성과를 내는 조직 구성의 절차로서 다음을 들고 있다.

(1) 조직의 두뇌와 골격 만들기

- 조직의 목적과 사명에 기초하여 뚜렷한 경영전략과 과제를 수립하고, 주요 활동을 중심으로 세부 부서나 팀을 정한다.

(2) 조직에 살 붙이기

- 경영진의 역할 분담을 명확히 한다. 그리고 혁신 활동과 현장 업무가 서로 충돌하지 않게 주의하며 전체 조직도를 완성시킨다. 이걸로 외형은 완성이다.

(3) 조직을 움직이는 근육 붙이기

- 구체적 직무를 명문화해서 설계한다. 담당자의 역할과 책임, 권한, 필요한 정보는 문서로 정리해 둔다. 다음으로 사원 교육이나 연수를 통해 이 내용들을 조직 전체에 알린다.

어설프게 조직을 주무르기보다 위와 같은 시점에서 현재의 조직을 재점검하며 부족한 부분만 강화해도 경영 성과는 오른다. 이상적인 조직이란 스스로 연구하고 시행착오를 겪으면서 조성해 나가는 것이다.

•••
이상적인 조직은 수평적인 오케스트라형이다

현재 많은 기업에서 조직 구조가 몇 계층으로 나뉘어 있다거나 필요 이상으로 복잡하다거나 변경이 지나치게 잦다는 등의 문제로 부딪치는 경우가 드물지 않다. 높은 성과를 내는 체질로 조직을 구성하기 위해서는 이러한 결함들을 개선하고 해소해야만 한다.

현재 대부분의 경영조직은 연구개발부, 제조부, 영업부 등과 같은 직능별 조직을 기본으로 기획이나 관리 부문 같은 스태프 기능을 병존시키고, 그 사업부들을 각기 한 팀으로 묶어 두는 형태를 취하고 있다. 또한 이런 계층형 조직뿐 아니라 다양한 기능을 한데 묶은 팀형 조직도 동시에 운용되고 있다.

드러커는 작곡과 지휘를 맡는 오케스트라와 같은 구조의 매니지먼트가 이상적인 조직이라고 생각했다. 더불어 지식근로자가 주역인 한, 정보를 기반으로 하는 **조직은 네 계층 이하로 구성**되어야 하며 조직의 운영은 책임을 강하게 자각하는 사원(executive)이 맡아야 한다고도 지적한다.

조직 변경이다!
우왓, 벌써요?
××씨는 어디로 이동했지?
아, 글쎄요.
내 권한은 어디까지지?
무엇을 위한 조직 변경일까요?
이 보고는 어디로 해야되지?
이상적인 조직이란 좋은 성과를 내고 있는 조직입니다.
네 계층 이하의 수평적 조직
오케스트라형
지휘자 = 매니저
아름다운 하모니
리더가 각 파트를 지휘, 통합한다.
안이한 조직 변경은 그만두겠다!
재즈 세션형
리더 없이도 마무리가 된다.
복식 테니스형
자기 페이스를 끌어내는 조직 만들기!
휴우

Step 29
경영에서 IT는
어디까지 필요한가?

거금의 IT 투자를 하고 있지만……. ▶▶

우리 회사는 지금까지 IT에 상당한 투자를 해왔습니다. 그러나 이것이
과연 경영 성과로 이어지고 있는지는 의문입니다. 경영에 있어 IT를
어디까지 사용해야 할까요?

IT로 일하는 시대다

IT(정보 기술)는 예전에는 회계 자료의 계산기에 지나지 않았다. 그
러나 지금은 상황이 달라졌다. IT를 이용해 웹 사이트에서 상품을 구
매하는 등 IT는 우리의 일상과 매우 가까워졌다. 이전에는 서면으로
진행되던 결재 역시, 전자결재 형식으로 급격하게 전환되고 있는 추
세다.

업무 자체를 통째로 IT에 맡기고 인간 생활의 다양한 분야에 IT를
이용한다는 'IT 혁명'이 일어나고 있다.

사업도 일도 IT로 움직인다

수주에서 납품 및 청구에 이르는 일련의 과정에서 IT를 활용한다. 이로써 상품을 신속하게 전달하여 고객의 기대에 부응한다.

한편 IT를 활용하지 않는 조직에서는 피라미드형 상하계층 혹은 횡적인 부처에서 담당자들끼리 구두나 서면으로 정보를 전달한다. 이러한 정보 전달 방식은 당연히 속도 면에서나 정확도 면에서 부족함이 많다.

사업 구조에 IT가 도입되면서 이제 업무의 모든 과정에서 IT는 필수가 되었다. 물론 모든 일을 IT가 대신할 수는 없다. 그러나 업무 처리 속도와 질을 향상하게 하는 데 큰 몫을 하는 것은 분명하다.

경영의 열쇠를 쥐는 세 가지 정보 분야*

IT 투자는 반드시 경영의 의사결정에 도움이 되어야 한다. 드러커는 조직이 필요로 하는 정보 분야를 세 가지로 제시한다.

(1) 제조나 물류의 원가, 고객 획득과 고객 유지에 필요한 원가 등의 비용 정보

(2) 부를 창출하는 정보

- 재무회계 등 경영 상황을 판단하는 정보
- 경영 자원(사람, 물건, 돈)의 생산성에 관한 정보
- 자사의 독자성, 우위성이 있는 지식 또는 업무에 관한 정보

● 투자 조건의 효과, 인력 배치와 업무 상황에 관한 정보

(3) 비고객(Non-customer), 고객, 시장, 경쟁 상대, 금융 정세, 국제 정세 등 외부 환경에 대한 정보(특히 비고객 정보가 효과적임)

*참고:《21세기 지식경영》4장

정보와 그 흐름의 변화에 따른 IT 투자에는 끝이 없다

IT와 직무를 통합해서 업무의 구조나 조직을 세울 수 있다는 점에서 사람은 뛰어난 능력을 지녔다. 조직의 목적과 사명을 반영하여 고객을 창조해 낼 수 있는 조직을 만드는 것이 근로자의 역할이다.

지식근로자가 자기의 지식이나 정보에 책임을 가지고, 그 지식을 조직에 제공함으로써 상호 책임감으로 일할 수 있는 조직을 드러커는 **정보를 기반으로 한 조직**이라고 말한다.

시대와 함께 경영 환경이 변화하는 이상 IT 투자는 끝이 없다.

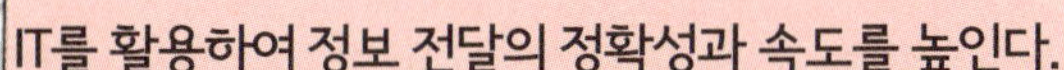

먼저 '정보를 기반으로 한 조직'을 만든다.

IT를 활용하여 정보 전달의 정확성과 속도를 높인다.

· 경영에 필요한 정보
 (재무회계, 경영 자원의 재생산, 자사의 독자성,
 우위성, 투자 안건, 직원의 업무 상황, 원가 등)
· 외부 환경에 대한 정보

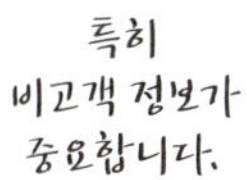

Step 30
IT를 잘 활용하는지 점검한다

IT를 통해 필요한 정보를 얻을 수 없다. ▶▶

매년 결산 때면 상사나 총무팀에서는 무슨 자료를 내와라, 그 사업은
어떻게 됐느냐고 묻습니다. 그 자료를 찾느라 일상 업무를 중단해야 하는
경우도 있습니다. 데이터는 분명 입력해 놓았을 텐데 왜 우리 회사는 IT를
제대로 활용하지 못하는 걸까요?

현장의 요구를 전달하지 않으면 IT는 무용지물이 된다

전문가에게만 내맡기고 나 몰라라 하고 있으면 IT 시스템은 당연
히 쓸모없게 된다. 자신의 라이프스타일이나 원하는 내부 인테리어
를 설계사에게 분명하게 전달하지 않으면 마음에 꼭 드는 집을 지을
수 없는 것처럼 말이다.

현재 상황에 만족하지 못한다면 리모델링도 각오해야 한다. 시스
템을 전면적으로 재점검해야 할 때다.

근로자에게는 정보 책임이 있다

정보를 단순히 공유했다고 다가 아니다. 경영에 유익한 행동을 촉진시켜야 한다. 아무리 책임감을 갖고 일하고 싶어도 필요한 정보를 얻지 못하면 책임감을 가질 수 없다.

제품 불량에 대한 정보를 모르는 사장이 기자회견에서 어떻게 책임 있는 답변을 할 수 있겠는가. 또한 내부통제의 유효성을 직접 확인해 보려고 해도 업무를 모니터링(감시)하는 구조가 구축되지 않으면 책임을 다할 수 없다.

드러커는 **경영자뿐 아니라 조직에서 일하는 모든 사람에게 정보 책임이 있다**고 한다. 여기에는 원하는 정보를 IT 전문가에게 명확히 전달할 책임도 포함된다.

업무 설계는 정보의 흐름의 따라야 한다

품질경영시스템(품질관리를 정확히 수행하고 있음을 외부에 보증할 수 있는 체제 또는 구조. ISO9001에 국제 규격이 기재되어 있다)의 인증까지 받은 기업이 사회적인 불상사를 일으키기도 한다. 그 원인 중 하나는 이중 매뉴얼 때문이다. 인증 취득 및 유지를 목적으로 한 매뉴얼과 별도로 실제 업무에서 쓰는 매뉴얼이 있다는 말이다.

이런 물의가 빚어지는 까닭은 인증 취득만이 목적이 되어 버려, 심사 기관에서 인정하는 기준에 맞게 실제 업무가 미처 개선되지 못했다거나, 기준을 충족시키는 작업 방식을 직원들에게 철저히 교육시키지 못했기 때문인 경우가 많다.

모든 관리를 품질보증부서에 통째로 떠넘기는 태만한 일 처리 탓일지도 모른다. 드러커도 **정보의 흐름에 따라 일의 내용을 결정**하는 것이 중요하다고 말한다. 예를 들면 '매월 첫째 주 월요일 오전 10시에는 어떤 정보가 필요한지 IT 담당자에게 구체적으로 전달한다'는 식의 작업이 필요하다.

모든 일은 정보로 이루어져 있음을 기억한다

정보 책임은 경영자뿐 아니라 모든 지식근로자에게 있다. 자기가 이상적으로 여기는 일의 모습과 그 정보 체계를 IT 전문가에게 올바로 전달할 책임이 있다. 그리고 IT 전문가는 지원 스태프로서 요청받은 정보와 그 체계를 실현시킬 책임이 있다.

일은 곧 정보로 이루어져 있다는 사실을 깨닫고 한 사람 한 사람이 정보 책임자로서의 역할을 다해야 한다.

통계 자료가 없어요.
입력해 놨을 텐데 어떻게 된 거지?
그럴리가!
○○회사 건은 어떻게 되어 가나?
IT 담당자한테만 맡겨 버리니 이 모양인 겁니다.
모두에게 정보 책임이 있습니다.
경영진
중역
팀장
경력 사원
신입 사원
계약직
외주
공유해야 할 정보
부하에게 전달
상사에게 전달
정보의 흐름에 따라 업무를 설계합시다!
IT 담당자한테 확실히 전달해 두면 되는 거구나!

Step 31
유능한 인재를 키우지 못한다

😮 인재 육성 제도는 있지만……. ▶▶

우리 회사는 1인당 연간 교육 예산 범위 내에서 각자 원하는 연수를 받을 수 있는 제도가 있습니다. 신청만 하면 외부 기관 연수도 자유롭게 참가할 수 있습니다. 그런데도 좀처럼 인재가 성장하지 않아서 고민입니다.

원인은 목표관리의 기능 부진

헤드헌터를 통해 유능한 인재를 채용했어도 그 사람이 2년 후에도 여전히 유능하리라는 보장은 없다.

인재가 계속해서 성장할 수 있는 환경을 마련하는 것이 중요하다. 교육 예산을 세우고 실제로 집행한다고 해도 이것이 업무 성과로 이어져야 비로소 의미가 있다. 사실 인재가 부족한 원인은 목표관리제도에 있다.

드러커가 말하는 목표관리의 의미는?

지식근로자는 지식을 동원하여, 책임감을 가지고 일하며, 성과를 올림으로써 성장해 나간다. 교육 예산을 낭비하지 않기 위해서도 회사의 목적과 목표에 맞는 일에 초점을 둔 교육이 필요하다.

목표관리 체계는 많은 조직에서 도입하고 있으나, 목표가 겉돈다거나 목표를 강제적으로 주입했다가 부하가 의욕을 잃었다는 등의 문제를 지적하는 소리도 있다.

많은 사람들이 드러커가 설명한 목표관리의 참뜻을 충분히 이해하지 못하고 있다. 드러커가 말하고자 한 목표관리란 **'회사의 목표에 따라 자기의 목표를 자주적으로 결정한다' '자기 일의 결과를 직접 평가하며 스스로를 성장시킨다'**라는 매니지먼트이자 곧 **자기목표관리**다.

•••
상사와의 대화를 촉진하는 목표관리 도구*

기업의 목적은 고객 창조이고, 여기에는 사회적 책임이 수반된다. 따라서 사원 한 사람 한 사람이 CEO의 마음으로 업무에 임해야 한다. 조직 전체의 목표를 설정하고 조직의 진행 방향이 틀어지지 않게 붙잡아 주는 나침반이 바로 **여덟 가지 목표 영역을 포함한 '매니지먼트 스코어카드'**(부록 참고)다.

또한 드러커는 조직과 개인의 목표를 연결하는 자기목표관리 도구로서 **'경영자의 편지(Manager's Letter)'**(부록 참고)를 사용할 것을 제안하였다. 이 카드는 상사의 도움을 받아 부하가 작성하는 것이다.

카드에 적혀 있는 항목, 즉 '상사가 하는 일의 목표' '내가 하는 일의 목표' '내 일에 요구되는 수준'의 내용에 대해 상사와 부하가 대화하면서 의미 있는 작업을 이룬다. 서로의 인식 차이를 알아 조직과 개인의 목표가 어긋나지 않게 하고, 상대방이 하는 일의 의미를 앎으로써 바람직한 동기부여를 하게 만드는 원리다.

*참고:《경영의 실제》11장,《매니지먼트》34장

상사와 자신의 '적소'를 정함으로써 '적재'로 성장할 수 있다

부하가 높은 목표에 도전하려고 할 때 상사는 격려해 주어야 한다. '경영자의 편지'를 통한 면접은 부하와 상사가 함께 배우고 성장할 기회를 제공한다. **'자신의 위치와 성장 목표'를 정하고 그 목표를 향해 노력하면서 비로소 '인재'로 성장해 나간다.**

드러커는 이 도구를 1년에 두 번 사용하여 성과를 올린 사례를 소개하였다. 우리도 이 도구를 사용해 볼 가치가 있다.

인재 육성이 안 돼.
또 연수네.
연수
연수
연수
연수 기회가 많은 건 고맙지만……,
연수
연수
목표관리가 제대로 되지 않아서 그렇습니다.
유능한 인재를 키우는 자기목표관리란
회사의 목표에 따라 스스로 결정한다.
실행 결과를 스스로 평가하고 개선한다.
매니지먼트 스코어카드 (목표와 기한)
아! 이제 부장님의 생각을 알겠다!
좋아! 다음은 ○○를 목표로 하자
경영자의 편지 (목표와 결과)
어느새 나도 성장했군.
이제 연수가 부담스럽지 않아
이번에는 이걸 들어 볼까
연수
연수
연수
연수

Step 32
누구를 승진시켜야 할까?

인사 문제로 항상 골치가 아프다. ▶▶

기술부장 자리가 공석입니다. 인사위에서도 누구를 승진시켜야 할지 쉽게
정하지 못하는 것 같습니다. 유명 대학의 대학원 졸업생 중에서 실적을
평가해 결정하라는 지시가 있었다고 합니다. 과연 인사이동에서는 어떤
부분을 고려해야 할까요?

인사는 사원에게 보내는 회사의 메시지다

회사에서 벌어지는 인사만큼 사원의 의욕과 직결되는 것은 없다.
사원은 어떤 사람이 승진하는지 지켜보면서 회사가 요구하는 가치
관이나 방침을 매우 민감하게 파악한다. 인사는 사원의 업무 수행에
도 영향을 미치는 중요한 사항이므로 매우 신중해야 한다.

조직의 성장에 최우선하는 인사 결정

일반적으로 어떤 사람을 승진시킬 때는, 먼저 승진 후에 맡게 될

직무의 내용과 맞는 사람인지 검토한다. 이러한 승진 대상자를 몇 명 세워서 과거의 실적을 평가하고 더불어 동료나 부하들의 평가도 들어 본다. 그 다음 결정 기준을 정하고 후보자의 능력을 확인하는 것이 일반적인 인사이동의 수순이다.

드러커는 여기에 더해 '조직은 성과를 최우선으로 따져야 한다'고 본다. 따라서 '기술부장으로서의 직무가 그 후보자의 강점을 살리는가' '내 자녀를 그 후보자의 부하로 붙여도 괜찮다는 생각이 들 정도로 업무를 잘 수행하는가' 등 날카로운 질문도 거쳐야 한다.

다만 조직은 사람의 강점을 결집시키는 곳이므로 일부의 **약점에는 눈을 감을 필요도 있다**고 드러커는 말한다.

‘성실(인격)’과 ‘강점(실적)’ 양쪽을 모두 봐야 한다

이번 기술부장의 후보자 중에 직함보다 실적을 중시하는 사람, 사람의 강점과 밝은 면을 볼 줄 아는 사람, 스스로 높은 목표를 설정하여 도전하는 사람, 지성보다 인격을 중시하는 사람이 있는가? 그런 인물이 없다면 후보자 선정 과정부터 다시 시작해야 할지도 모른다.

행여 옳고 그름을 평가할 때 귀가 얇은 사람, 능력 있는 부하를 무시하는 사람이 이 자리에 서게 된다면 조직의 성과는 분명 불투명해질 것이다. 후배나 동료에게 능력뿐 아니라 인격적으로도 인정 받는 사람이 승진되어야 조직 차원에서 사기를 높이기 위해 진행하는 인사이동의 목적과도 부합된다. 따라서 회사로서는 윗선에 있는 사람에게 **공헌을 아끼지 않고 솔선해서 행동하는 인격**을 갖출 것을 당연히 요구한다. 그만큼 **성실성과 실적이 모두 중요**하다.

대다수의 우량 기업이 인재 채용에 많은 시간과 공을 들이는 이유는 인재의 강점에만 주목할 뿐 아니라 그의 인격에 대해서도 타협하지 않을 만큼 중요한 부분이기 때문이다.

인사부의 직무도 바뀌고 있다

기존의 인사부는 채용, 처우, 퇴사에 따른 노무관리를 중심으로 움직여 왔다. 그러나 고학력 지식근로자가 늘어 가는 오늘날에는 지식근로자의 강점을 살리는 인재 개발이나 매니지먼트 교육과 같은 시책을 도입하고 인재 관리와 관련한 프로그램에도 관심을 갖는다.

실력과 인성을 두루 갖춘 좋은 인재를 발탁하는 것이 중요한 만큼, 그들이 입사 후에 잠재된 능력을 발휘하고 조직 강화와 동료애를 진작할 만한 인물로 키워 승진 대상자로 이끌어 내는 것으로 인사부의 직무가 확장되고 있는 것이다.

기술부장으로 누가 좋을까?
학력과 실적인가……?
외국대학
S전문대
A대학원
B대학
인사는
신중히!
승진의 판단 기준은
과거의 실적
＋
음.
· 동료 및 부하들의 평가는?
· 강점이 발휘되는 자리인가?
· 내 자녀를 그 사람의 부하로 붙일 수 있는가?
· 성실한가?
지위보다 실적을 따집니다.
장점을 잘 찾는 사람이죠.
○○씨는 어떤 사람이죠?
· 유동성(전문성을 살려 직무 이동이 쉬운 환경)
· 다양한 고용·근무 형태에 대응한 인사 제도
· 매니지먼트 교육
경직된 인사 체제는 바뀌어야 합니다.
좋아, 해보자.
넵!

Step 33
마케팅을 강화하고 싶다

우리 회사 마케팅은 속수무책. ▶▶

"신제품도 판촉도 엉망진창이군. 마케팅부는 대체 뭘 하고 있나?"
다음 분기를 앞둔 경영 회의에서 사장님이 호통을 쳤습니다. 자리에 앉아
있는 마케팅 책임자는 더 이상 대책이 없다는 표정이었습니다.

우리 회사 마케팅은 쓸 만한가?

기존의 마케팅이 제대로 기능하지 않는다면 경영 회의에서 마케
팅에 대해 진지하게 의논해야 할 좋은 기회다. '마케팅팀은 무엇을
해야 하는가?'를 묻기 전에 '마케팅이란 무엇인가?' '우리 회사의 마
케팅은 어떤 모습이어야 하는가?'를 생각해 보아야 한다.

마케팅의 목적은 '판매 활동 없애기'

드러커에 의하면 **마케팅**이란 **고객이 구입하는 가치가 무엇인지 생각**

하는 일이며 고객에게 꼭 필요한 가치를 주는 제품이나 서비스라는 점을 이해시켜 **제품이나 서비스가 스스로 팔리는 구조를 만드는 일**이다. 극단적으로 말하면, 마케팅의 목적은 곧 판매 활동을 없애는 것이라는 설명이다.

《비영리단체의 경영》에서 드러커는 마케팅의 대가 코틀러와 대화를 나눈다. 두 사람의 의견은 '고객의 가치관과 필요를 충족시키는 것이 마케팅의 역할이다'라는 점에서 동감한다.

••• 마케팅의 방향은 '사업 재정의'와 '고객 분석'으로 결정된다

자사의 마케팅이 나아갈 길은, 고객의 가치관과 필요를 분명히 알고 제공해야 할 제품이나 서비스 방향을 재검토하고 정립하면서 뚜렷해진다.

만일 자기 회사의 고객이 뚜렷하지 않다면 좀 더 근본적인 질문인 '우리 사업은 무엇인가, 무엇이어야 하는가' '우리의 고객은 누구인가'부터 재검토하기 바란다. 그런 다음 시장을 분석해서 고객이 요구하는 가치를 명확히 알고 고객의 유형도 분석하여 대응할 수 있도록 준비해야 한다.

이하 **다섯 가지 중요한 질문도 일련의 마케팅 활동**이다. '고객이 요구하는 가치는 무엇인가' '우리의 성과는 무엇인가' '우리의 계획은 무엇인가' 그리고 '우리는 무엇을 어떻게 제공해야 하는가'를 검토하는 과정에서 자신의 사업을 어떻게 마케팅을 해야 할지가 보이기 시작하는 것이다.

마케팅이란 고객 창조의 전략

나아가 드러커는 마케팅이란 고객 창조 전략이라고 설명한다. 예를 들어 세븐일레븐 편의점은 '일정 지역 안에서 최고의 가게가 되는 것' '설명 없이도 잘 팔리는 전국 대형 브랜드를 중심으로 상품을 갖출 것'을 최초의 마케팅 목표로 정했다. 언제든 방문하면 열려 있다는 24시간 운영 제도를 강조하여 시장 인지도를 높였고, 식품 매장에서 장을 본다는 기존 라이프스타일에 혁신을 일으켰다. 실로 고객 창조 전략에 성공한 사례다.

사업이나 조직의 궁극적인 목적이 고객 창조에 있다면 마케팅 또한 조직의 목적에 부합되는 고객 창조 전략이 되어야 한다. 고객이 추구하는 가치를 바로 알아 우리가 가진 제품이나 서비스가 고객이 원하는 그것임을 홍보한다면, 고객은 그러한 마케팅을 따라 발걸음을 하게 될 것이다.

마케팅팀은 뭐하나!
……
통통
마케팅이란 무엇인가? 마케팅의 참모습에 대해 생각합시다!
드러커 강습회
<다섯 가지 중요한 질문+1>
· 우리의 목적과 사명은?
· 고객은 누구인가?
· 고객이 추구하는 가치는?
· 성과는 무엇이어야 하는가?
· 우리의 계획은 무엇인가?
· 무엇을 어떻게 제공해야 하는가?
이 질문에 답하는 것이 마케팅 활동의 기본입니다.
활동 계획을 다시 짭시다.
고객 창조 전략을 생각합시다.
고객이 원하는 것은?

Step 34
혁신에 강한 조직을 만들고 싶다

우리 회사는 새로운 일에 취약이다. ▶▶

우리 회사는 나름대로 역사가 깊습니다. 하지만 신제품이나 서비스 개발 등 혁신에는 뒤처지는 경향이 있습니다. 이대로 가다가는 회사 실적이 떨어지지 않을까 걱정이 됩니다. 혁신에도 강한 조직은 어떤 조직일까요?

조직의 혁신 기능이 작동하지 않는다

고학력자나 높은 기술력을 지닌 사원의 능력이 경영 성과로 이어지지 않는 이유는 지식근로자와 조직의 매니지먼트가 합치되지 않기 때문이다. 혁신(innovation) 기능을 작동시키려면 조직 차원에서 어떤 대책을 취해야 할지 생각해 보아야 한다.

혁신은 일상 업무 속에도 존재한다

드러커가 말하는 **혁신**이란 **기존의 자원을 부의 창출로 변화시키는 것**

을 가리킨다. 제품 개량이나 업무 프로세스 개선, 비용 절감 등의 일상적인 활동은 넓은 의미에서 혁신이라고 할 수 있다.

드러커는 또한 **혁신이란 인간 생활에도 한결 더 새로운 가치나 풍요로움을 가져온다**고 말한다. 사회에서 공공성을 띠는 조직, 그러한 조직이 갖춘 혁신의 기능은 제품이나 서비스를 통해 경제와 사회의 발전에 공헌하는 힘인 셈이다.

지식근로자의 강점을 살리기 위한 질문

지식근로자는 자기 일이나 자기계발의 동기부여 차원에서 삶의 보람, 일의 보람을 중요하게 생각하는 경향이 있다. 즉 일을 하는 동기가 돈 때문만은 아니라는 것이다.

이렇게 보람을 중시하는 사원에게는 '어떤 강점으로 언제까지 성과를 보여 줄 수 있는가' '거기에 필요한 정보는 무엇이고, 회사에 제공해 줄 정보는 무엇인가' 하는 질문을 던지는 것이 효과적이라고 드러커는 말한다.

이 질문에 답함으로써 지식근로자가 일하는 회사에서는 서로의 역할과 책임을 명확히 할 수 있게 되며, 동시에 조직의 성과를 높이기 위해 개인의 강점을 살리는 출발점에 설 수 있게 된다.

혁신에 강한 조직의 조건

드러커는 풍부한 사례 연구를 통해 **혁신에 강한 조직의 공통점**을 찾아냈다. IT 기업인 구글을 예로 들어 보면 다음과 같다.

(1) 좀 더 빠른 검색을 원하는 전 세계 인터넷 사용자의 필요에 초점을 맞추었다.

(2) 2~3명의 소수 인원이 팀을 이루어 움직이며 철저히 효율적인 업무를 하고 있다.

(3) 항공 사진이나 지도 정보 등 새로운 서비스 사업에 속속 진출하고 있다.

(4) 사원의 업무 목표나 평가 기준에 관한 독자적인 시스템이 있다. 예를 들면 기술자는 의무적으로 월 근무 시간의 20%를 새로운 일에 써야 한다.

(5) 신규 개발 프로젝트는 경영자가 직접 보고하도록 한다.

이러한 활동을 일상 업무에 넣음으로써 구글은 오늘날의 성공을 이룬 것이다.

혁신에 강한 조직을 만들고 싶다

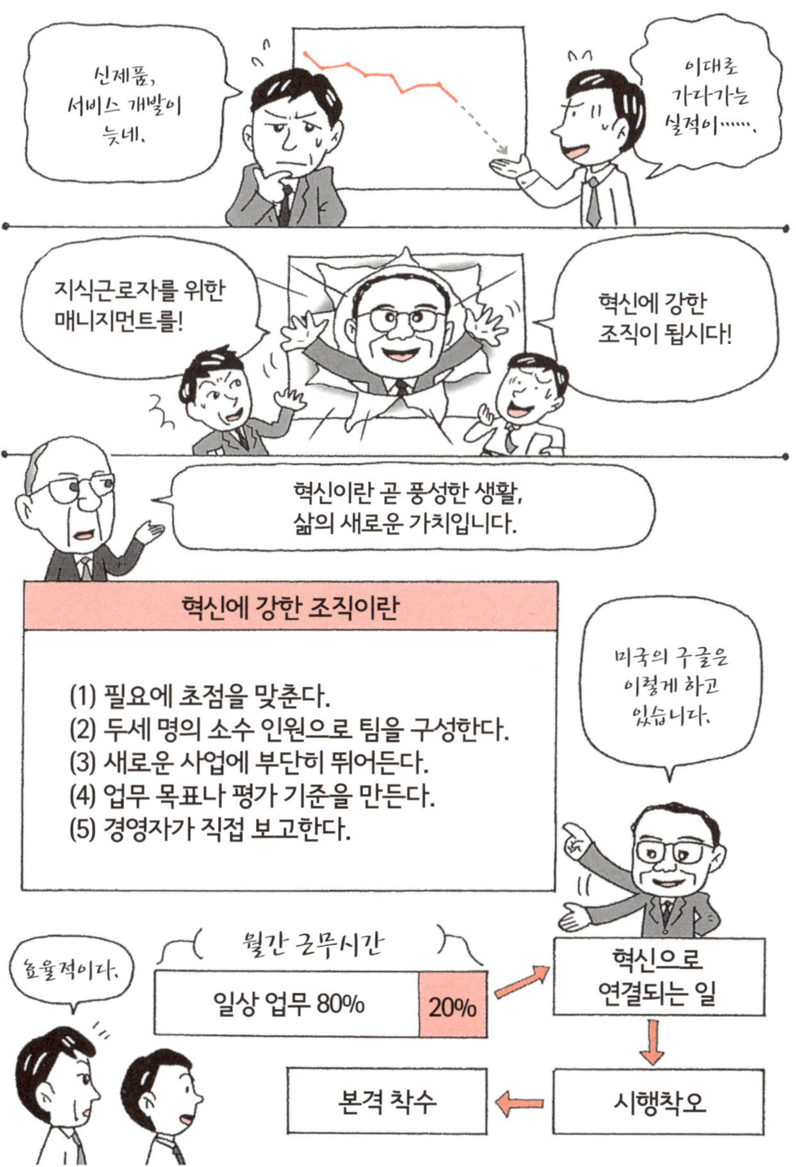
신제품, 서비스 개발이 늦네.
이대로 가다가는 실적이……,
지식근로자를 위한 매니지먼트를!
혁신에 강한 조직이 됩시다!
혁신이란 곧 풍성한 생활, 삶의 새로운 가치입니다.
미국의 구글은 이렇게 하고 있습니다.
혁신에 강한 조직이란
(1) 필요에 초점을 맞춘다.
(2) 두세 명의 소수 인원으로 팀을 구성한다.
(3) 새로운 사업에 부단히 뛰어든다.
(4) 업무 목표나 평가 기준을 만든다.
(5) 경영자가 직접 보고한다.
효율적이다.
월간 근무시간
일상 업무 80%
20%
혁신으로 연결되는 일
본격 착수
시행착오

Step 35
기업을 어디까지 확대해야 할까?

규모를 늘리는 것이 회사의 성장일까? ▶▶

이번 달 경영 회의에서 사장님이 말했습니다. "불황일수록 사업을 확대할 기회다. 그래서 과감한 투자도 생각 중이다." 항상 과묵한 경리 담당도 특별한 이견은 없다는 표정이었습니다만……. 과연 규모가 커지는 것이 회사의 성장일까요?

회사의 규모와 성장은 별개다

경영자는 대부분 자기 조직의 규모를 늘리려 한다. 일시적으로 성공해서 규모를 늘렸으나 곧 경영난에 몰려 공적자금에 기대야 할 만큼 어려움에 빠지는 기업들이 종종 기사로 나온다. 규모가 큰 회사가 건강하다고 할 수 있을까? 회사의 건전한 성장에 대해 생각해 보자.

회사의 성장에는 '양적 확대'보다 '질적 변화'가 요구된다

학교든 병원이든 기업이든, 조직에 따라 규모는 가지각색이다. 직원이 20명인 회사와 2만 명인 회사는 각각의 규모에 적합한 조직 구조와 행동이 다르다. 혹은 직원 1,000명 규모로 성장한 대기업도 창업했을 때는 10명의 소기업이던 사례도 있다. 이런 조직은 조직 구조(부서 규모나 팀장급 사원 수 등)를 직원의 수에 걸맞게 변화시키며 성장해 왔다고 할 수 있다.

드러커는 **회사의 성장이란 규모의 확장이 아니라 조직 구조나 행동의 변화 등 질적인 변화**라고 말한다. 일단 고객의 지지가 규모 확장의 토대가 된다. 고객의 지지를 유지하기 위해 종업원의 숫자뿐 아니라 제품이나 서비스를 제공하기 위한 비용도 늘려 나간다. 이윽고 규모 확장에 따른 수익 증가가 더 이상 발생하지 않는 시기가 온다. 그 상태가 **회사의 최대 규모**라고 드러커는 말한다.

조직의 건강을 체크하는 직원 설문조사

드러커는 조직에서 가장 중요한 요소는 **조직의 건강**이라고 말한다. 생산성 향상과 산업재해 격감을 동시에 달성한 세계적인 알루미늄 제조업체 알코아(Alcoa)를 떠받친 힘은 드러커의 다음과 같은 조언이었다.*

'회사는 당신을 존중해 줍니까?' '회사는 당신의 공헌 활동에 필요한 교육이나 훈련을 지원해 줍니까?' '회사는 당신의 공헌을 알고 있습니까?'

직원들에게 이러한 질문을 했을 때 전원이 '그렇다'고 답할 수 있는 회사가 되라는 것이다. 리츠칼튼을 비롯해서 고객의 지지를 얻고 있는 기업에는 정기적으로 직원의 만족도를 묻는 제도가 있다. 이런 제도에는 조직의 건강을 체크한다는 의미가 들어 있다.

*참고: 엘리자베스 하스 에더샤임,《피터 드러커, 마지막 통찰 The Definitive Drucker》

회사 성장과 규모의 최적화는 경영자의 책임이다

회사 성장도, 규모 확대도 경영자의 뜻에 달렸다. 경영자가 바라지 않는 일은 결국 실현되지 않는다.

고객은 가만히 두면 떠난다. 따라서 현상 유지는 쇠퇴를 의미한다. 업계나 시장의 규모, 혹은 그 성장세에 맞추어 규모와 성장의 최적화를 도모하는 일은 경영자의 책임이다. 회사의 성장이나 규모의 최적화를 위해 더 이상 노력할 수 없게 되었을 때, 또는 그러한 노력을 하고 싶어 하지 않을 때 사장은 스스로 경영에서 물러나야 한다고 드러커는 말한다.

기업을 어디까지 확대해야 할까?

규모를 늘리자고!
옳소!
좋아요.
의욕만 가지고 괜찮을까?
잠깐! 규모 확대와 성장은 다릅니다!
?
먼저 '조직의 건강도'를 측정합시다.
이 질문에 모든 직원이 'Yes'라고 답합니까?
(1) 회사에서 존중받고 있습니까?
(2) 공헌에 필요한 교육이나 훈련을 지원해 줍니까?
(3) 당신의 공헌을 회사는 알고 있습니까?
규모보다 질을 높여야 하는군!
최적 규모
직원의 만족도도 중요합니다.
조직의 균형
중요한 걸 잊고 있었네.
고객의 지지
수익
그렇구나!
질이 높아지면 지지도도 올라간다!
필요와 수익의 균형을 맞춰야지!

Step 36
글로벌화로 성과를 높이고 싶다

본격적으로 해외 시장에 진출하고 싶다. ▶▶

우리 회사의 국내 사업이 어느 정도 궤도에 올랐습니다. 이제 세계 시장으로 확장하려고 합니다. 해외 진출을 본격적으로 계획하려고 할 때 어떤 부분을 고려해야 할까요? 성공하기 위한 노하우가 있을까요?

기업의 해외 진출에는 여러 가지 난제가 있다

해외에 진출한 기업 중에는 오래 가지 못하고 큰 손실을 보고서 눈물을 머금고 철수에 내몰린 사례가 끊이지 않는다.

영업을 단기간 내에 확대하느라 부품 재료를 조달하지 못해 불량품을 만들었다거나, 국내의 품질을 해외에서는 유지하지 못했다거나, 현지 문화나 가치관에 맞지 않는 인사나 고용의 문제가 발생하는 등 원인은 여러 가지다.

기업의 해외 진출은 얄팍한 노하우로 성공할 수 있는 단순한 문제가 아니다.

글로벌 기업과 다국적 기업은 다르다

잘 알려진 이름으로는 유니레버, IBM, P&G, 코카콜라, 이케아 등이 있고, 한국 기업으로는 삼성전자, LG전자, 현대자동차 등이 넓은 의미에서 **글로벌 기업**이라 할 수 있다.

드러커는 글로벌 기업의 큰 특징은 **세계를 단일 시장으로 파악하고 있다는 점**이라고 말한다. 글로벌 기업은 또한 경영전략, 경영팀, 마케팅, 연구개발, 인사, 재무 등의 부문을 국제적인 시각으로 운영한다. 각 나라와 지역에 따른 활동은 최대한 현지 인재에게 맡기면서 판매와 서비스 활동도 지역의 문화와 가치관을 존중해서 벌인다.

글로벌 기업의 특징은 각 나라의 지역에 뿌리내려 시민과 동화되어야 한다는 점이다. 각국에 본사의 복사판 기업을 설치하여 경제적 패권을 노리는 다국적 기업과는 매니지먼트 내용이 상당히 다르다.

탁월한 매니지먼트 없이 글로벌 기업은 불가능하다

글로벌 기업으로 성공하려면 마케팅과 혁신에 강해야 한다. 또한 **모든 면에 합리적이고도 뛰어난 생산성을 갖춘 업무력, 높은 고객만족도를 유지할 수 있는 매니지먼트력**도 필요하다.

세계적인 가구 제조업체 이케아를 예로 들어 보자. 이케아 직영 점포에서는 먼저 쇼룸에서 원하는 상품을 메모하고, 거대한 창고에 직접 가서 가구를 찾아 값을 지불하고 차에 실어 집으로 가져가는 셀프 쇼핑 방식이 도입되어 있다. 창고에서 직접 물건을 구매하는 형식이기에 불필요한 마진을 줄여 가격 경쟁력을 높인 것이다.

쇼룸은 고객들의 라이프스타일과 취미에 맞추어 솜씨 좋게 꾸며 놓았고, 빈틈없이 교육받은 종업원들이 매우 친절하게 응대해 방문객은 시간을 잊고 쇼핑 삼매경에 빠지게 된다. 게다가 쇼룸에 인접한 거대한 창고 구역에서는 에피타이저에서 메인 디시, 디저트, 드링크 바, 스웨덴 요리까지 비교적 저렴한 값에 즐길 수 있다. 식사를 목적으로 이케아를 찾는 사람도 있을 정도다.

점포까지 운행되는 무료 셔틀버스에 탄 남녀노소 고객들은 놀이동산에 소풍이라도 가는 양 한껏 들떠 있다. 누구든지 즐기면서 쇼핑할 수 있도록 **IT 기술을 한껏 구사하여 매장 전체를 관리하는 것**이 이케아의 능력이다.

해외 진출의 성공 여부는 이 정도로 자기 만의 탁월한 매니지먼트 능력이 있는지 없는지에 달려 있다고 드러커는 말한다.

글로벌 기업은
세계를 단일 시장으로
파악해야 합니다.

동시에 각국에
뿌리내리려는
노력이 필요하죠.

글로벌
기업으로
성공하려면

(1) 마케팅과 혁신에 강할 것
(2) 뛰어난 IT 활용 능력
(3) 합리적이고 높은 생산성을
지닌 업무력
(4) 인재 육성
(5) 각국의 문화 존중
(6) 각국 정부와의 협력

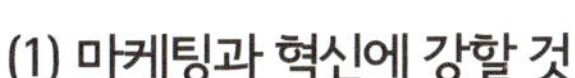

Step 37
정부의 규제가 성가시다

신제품 개발 비용이 늘었다. ▶▶

정부 규제 탓에 신제품 개발 기간이 늦춰지거나 비용이 높아지는 경우가
있습니다. 광고나 영업 방식에 대한 규제를 넘어서 최근에는 회계, 세무에
이르기까지 규제 범위가 늘어나고 있는 것 같습니다.

규제로 보호받는 기업도 있다

인허가가 까다로운 업계의 경우, 규제 내부에 있는 조직은 오히려
보호를 받고 있다고도 할 수 있다. 번잡한 수속 절차나 높은 제품 원
가가 타사의 신규 잠입을 막아 주기 때문이다. 정부 규제와 기업의
관계는 본디 어떤 모습이어야 할까?

정부의 본래 역할은 '국민 보호'지만 현실은 다를 수 있다

본래 정부의 규제는 그 나라의 사회와 경제를 뒷받침하기 위해 존

재한다. 예를 들어 민법, 형법, 상법, 세법 등의 법률이 그렇다. 또 변호사, 변리사, 공인회계사, 세무사, 의사, 간호사 등의 면허제도가 있으며 약제를 비롯한 제품에 관한 규제, 산업폐기물 규제 등 종류도 다양하다.

드러커는 **국민을 보호하는 것이 정부의 본래 역할**이라고 말한다. 그러나 현실에서는 국가의 정체성, 성격 등에 따라 정부의 규제 정도도 달라진다. 국가의 기반을 경제라고 생각하는 국가에서는 국민 보호보다도 경제활동을 보호하는 규제가 많아지는 것이 당연하다.

정부에만 맡겨서는 안 된다

드러커는 선진국은 공통적으로 정부를 불신한다고 말한다. 선진국 대부분의 나라가 재정 적자, 저출산 고령화, 취직난과 실업, 경제성장의 둔화, 연금문제, 환경문제를 안고 있다. 한편 최근 정부와 기업의 바람직한 관계 구축에 성공한 드문 사례로써, 스웨덴의 **렌-마이드너 플랜**(1950년대 노동조합운동의 지도자 렌이 고안한 방법. 정부·노동조합·경영자의 3자 협력으로 고용 유지와 경제 발전에 공헌했다)이라는 고용 대책이 있다.

큰 정부에서 작은 정부로의 이동, 관에서 민으로의 이동도 선진국의 공통된 과제다. 끝없이 팽창하는 정책과 그것을 떠받치고 있는 관료 조직, 업계를 비롯한 경제 단체, 정치가의 사고방식이나 행동에 대해서도 21세기에 걸맞는 의식 개혁이 요구된다.

‘기업의 자립’과 ‘성과를 내는 정부’

국내의 기업도 글로벌 기업과 경합하는 것이 당연해진 오늘날, 정부와 조직도 국제적인 시각에서 정보를 얻고 자기 조직의 상태를 재고하여 **미래를 위해 지금 무엇을 해야 하며 무엇을 할 수 있는지 철저히 고민**해야 할 때다.

한편 저출산 고령화 대책, 환경 대책 등은 경제활동과 연결되어야 할 사회적 요구다. 기업으로서는 **기업가 정신을 발휘해서 사회적 기업으로 자립할 기회**인 것이다.

정부로서는 시대착오적 정책과 규제를 하루빨리 개선, 폐기하고 **성과를 내는 정책**을 실현할 것이 요구된다. 기업과 정부가 역할을 분담하여 상호 리더십을 발휘함으로써 더 나은 사회를 실현할 수 있다고 드러커는 말한다.

움직이기가
힘들어.

법률
면허제도
규칙

규제로 도움을
받는 회사도
있습니다.

법률
면허제도
규칙

경쟁

정부의 목적은
'국민 보호'

정부도 바람직한
조직의 모습을
추구합시다.

정부

기업·조직

· 불필요한 정책은 버린다.
· 정부에서 할 수 있는
  일만 한다.

· '다섯 가지 중요한 질문'을
  던진다.
· 사회의 과제를 사업으로
  전환한다.

성과를 내는
정부

자립하는
조직

정치가가
개혁해야 할
일입니다!

함께 추구해야 할 성과
더 나은 사회 만들기

국제적인
시각을
가집시다.

Step 38
환경문제에 어떻게 임해야 할까?

우리 회사도 환경 대책이 필요할까? ▶▶

환경문제가 시끄럽지만 우리 회사는 이미 국제표준화기준인 ISO14001
(환경경영시스템) 인증을 취득해 산업폐기물 대책이 완벽합니다. 그런데
꼭 경제활동을 희생하면서까지 환경 대책에 임해야 하는 걸까요?

통상적인 경제활동이 환경문제를 일으키기도 한다

유해 물질을 하천에 방류하지 않는다고 해서 환경 대책이 완벽하
다고는 할 수 없다. 지구온난화, 오존층 파괴, 이상기후, 주요 광물
및 생물자원의 감소, 열대우림의 파괴 등 통상적인 경제활동에서 발
생하는 환경문제도 증가하고 있기 때문이다.

환경 대책은 이제 기업의 사회적 책임이다

지구온난화를 일으키는 이산화탄소의 배출뿐 아니라, 약제나 제
품 제조를 위해 생물자원을 무질서하게 원료로 이용하여 자원이 고

갈될 위기에 처하게 하는 일도 기업이 사회에 미치는 영향이다.

드러커에 따르면 조직은 사회에 미치는 영향에 책임을 가진다. 따라서 모든 조직은 이러한 환경 파괴의 원인을 완벽에 가깝도록 없애야 할 책임이 있는 셈이다.

환경 대책을 위한 국제적인 규정이 기능하지 않는다

1992년에 브라질의 리우데자네이루에서 개최된 국제연합 환경개발회의에서는 기후변화와 생물 다양성에 관한 조약을 체결했다. 기후변화협약으로는 1997년에 교토의정서가 채택되었다.

생물다양성협약은 유전자원의 취급과 이익 배분에 관한 국제적 규정으로서, 2010년 10월 기후변화협약 당사국 총회(COP10)에서 나고야의정서가 채택되었다. 그러나 미국이 두 협약에 모두 참여하지 않은데다가 선진국과 개발도상국의 이해 대립도 있어 계획대로 진행되지 못하고 있다.

환경문제에 대한 드러커의 경고와 지침

비단 개발도상국뿐 아니라 선진국에서도 오늘날의 이상기후로 인한 사망자가 속출하고 있으며, 전문가를 넘어 일반인들 사이에서도 인류 생존의 위기를 호소하는 목소리가 확산되고 있다. 바야흐로 모든 조직이 마땅히 ISO14001(환경 관리 체제에 관한 국제 표준)이나 ISO26000(사회적 책임에 관한 국제 표준)에 따라 환경 파괴를 야기하는 제품 및 활동을 개선, 폐지해야 하는 때다.

1972년 스톡홀름에서 열린 국제연합 인간환경회의를 통해 환경 문제가 인류 공통의 과제로 인식되어 환경보호 활동이 확산되기 시작했을 때, 드러커는 기업도 소비자도 그리고 정부조차도 환경문제를 해결하기 위해서는 비용이 많이 든다는 사실을 깨닫지 못하고 있다고 경고했다.* 또한 드러커는 국제적십자(1963년 창설, 다음해 제네바협약 체결)를 예로 들어 환경문제 해결을 위해서는 국제법 정비, 전 지구적 규모의 환경 대책 설비, 국제연합의 새로운 활용이 필요하며 국가주권의 희생도 따를 수 있다고 지적하였다.

*참고:《새로운 경제학 외 수필집 Toward the Next Economics and Other Essays》,《새로운 현실 The New Realities》

이 자격만 있으면 우리 환경 대책은 끝이다!
ISO14001: 산업폐기물 대책
그게 환경 대책의 전부는 아니죠.
ISO1
자원 문제
자연 파괴
경제활동
온난화
환경보호는 기업의 사회적 책임!
정부, 기업, 소비자가 함께 문제를 해결하기 위해 높은 비용을 지불해야 한다.
· 새로운 국제기관의 필요성
· 기업이나 국가의 이기주의 방지
경제 발전과 환경 보전의 균형, 새로운 문제입니다.
경제활동의 확대
방치할수록 대가는 커집니다.
자원 문제
지구온난화
자연 파괴

Step 39
사회적 책임을
어디까지 져야 하는가?

주주총회의 주제로 등장했다. ▶▶

주주총회에서 사회적 책임이 주제가 되었습니다. 결산보고 후에, 내부통제 제도나 환경보호 대책뿐만 아니라 사회 공헌 활동에 대해서도 설명을 요구받았습니다. 기업은 대체 어디까지 사회적 책임을 다해야 하는 걸까요?

기업의 사회적 책임은 조직 전체에 부과된 과제다

사회적 책임은 더 이상 주주만 관심을 가져야 할 사항이 아니다. 오늘날에는 주주뿐 아니라 조직에서도 이에 관심을 가져야 할 만큼 중요해졌다.

먼저는 경영진이 사회적 책임 부분에 대한 대책을 마련해야 한다. 조직 구성원 모두가 일상 업무를 수행할 때도 이를 강하게 자각해야 한다.

조직은 외부에 미치는 영향에 책임을 진다

사업을 운영하는 모든 조직에서 공해 문제에 대한 대책 등 사회적 책임이 최우선 되어야 한다.

드러커에 의하면 경영의 사회적 책임이란 조직의 제품이나 서비스가 인간생활, 자연환경, 사회에 미치는 영향에 대한 책임을 말한다. 사업장의 소음과 폐기물을 없애기 위해 노력하거나 **법률을 지키는 것**(compliance)은 가장 기본적인 사회적 책임인 셈이다. 또한 **경영자가 지나치게 높은 보수를 받는 것은 윤리에 반한다**는 것이 드러커의 생각이다.

누구나 주주가 되는 오늘날, 새로운 기업 통치가 필요하다

바야흐로 상장기업의 주주는 각종 보험사나 금융기관, 각종 연금기금 등의 기관 투자가 상당한 비율을 차지하고 있다. 또한 의외로 가까운 사람이 자사의 주주이기도 하다. 이제 우리는 서로 상대방의 기업에 영향력을 미치는 주주들인 것이다.

법률이나 사회적 제3자의 감시를 통해 조직에 사회적 책임을 다하게 하는 **기업지배구조**(corporate governance, 기업 경영의 투명성을 확보하고 감시하려는 사고방식이나 제도)를 추진하기 위해 사업에 대한 감시를 쇄신해야 한다고 드러커는 말한다.

드러커가 말하는 기업의 사회적 책임이란?

드러커는 기업이 다해야 할 사회적 책임으로서 다음을 들고 있다.

(1) 고용

- 본업인 경제적 성과를 유지함으로써 고용을 창출한다.

(2) 기업이 사회에 미치는 영향을 인식하고 처리

(3) 법률 준수

(4) 근로자의 인격 성장

(5) 더 좋은 사회를 만드는 사업

(6) 정부, 조직, 개인의 조화를 통해 사회적 기관으로서의 책임을 다하는 것

이 문제들을 정면에서 맞붙어 해결하고자 하는 신조, 신념이 필요하다. 이것이 드러커가 말하는 매니지먼트라 할 수 있다. 매니지먼트 개혁에 뛰어들어야 할 시대가 다가온다.

기업의 사회적 책임이란

(1) 고용
(2) 기업이 사회에 미치는 영향 처리
(3) 법률 준수
(4) 근로자의 인격 성장
(5) 더 좋은 사회를 만드는 사업
(6) 정부, 조직, 개인의 조화를 통해
사회적 책임을 다하는 것

Step 40
우리 회사의 매니지먼트는 몇 점일까?

BSC를 도입하려고 검토하고 있다. ▶▶

우리 회사의 매니지먼트를 종합적으로 평가하고 싶습니다. 이를 위해 BSC를 도입하면 어떻겠냐는 의견이 있었습니다. 회사의 경영 평가를 위해 어떤 평가 제도를 활용하는 것이 좋을까요?

BSC를 도입하는 기업의 고민

BSC(Balanced Score Card, 균형성과평가제도)란 1992년에 캐플란(Kaplan)과 노튼(Norton)이 발표한 경영전략 관리 툴이다. 전략을 실현하기 위해 재무, 고객, 업무 프로세스, 학습과 성장이라는 네 가지 시점에서 인과관계나 균형을 고려하여 목표를 설정하고, 각 목표의 달성율을 정기적으로 검토하면서 경영하기 위한 도구다.

그러나 BSC를 도입하고 경영상 성과가 나오지 않아 고민하는 기업도 있다. BSC의 도입 자체가 목적이 되어 버려 본래 도입하려던 목적을 충분히 검토하지 않은 것도 원인 중 하나로 볼 수 있다.

여덟 가지 목표 영역의 균형

경영전략을 실현하기 위해서는 **여덟 가지 목표 영역**을 맞춘 상호 균형을 맞춘 목표를 설정해야 한다고 드러커는《경영의 실제》와《매니지먼트》를 통해 말했다.

(1) 마케팅

- 기존 제품과 대비한 시장 위치 설정 및 전략에 관한 목표 등

(2) 혁신

- 신제품의 개발 속도에 관한 목표 등

(3) 인적자원

- 인재 육성 및 보유 기술 증진 및 개발에 관한 목표 등

(4) 물적 자원

- 필요한 설비의 확보 및 관리에 관한 목표 등

(5) 자금

- 필요한 자금의 확보 및 관리에 관한 목표 등

(6) 생산성

- 사람, 물건, 돈의 생산성에 관한 목표 등

(7) 사회적 책임

- 사회로부터의 평가 및 경영의 투명성에 관한 목표 등

(8) 조건으로서의 이익

- 필요 충분한 이윤의 액수 등

이러한 여덟 가지 영역의 목표가 모두 균형을 이루어야 한다. BSC
는 이러한 드러커의 생각, 즉 '복수의 목표를 조화하여 경영전략을
실현한다'는 사고방식을 바탕으로 고안되었다고 여겨진다.

자기평가를 위한 드러커식 '매니지먼트 스코어카드'

드러커는 《격변기의 경영 *Managing in Turbulent Times*》에서 '매니저
는 네 가지 분야(투자, 인사, 혁신, 전략)의 업무 상태를 스스로 평가해야
한다'고 말한다. 경영진이나 팀장의 자기평가를 위해 필요한 일이기
도 하다. 나아가 조직 전체적으로는 모든 사원이 여덟 가지 영역에
서 설정한 목표를 공유하여, 직원 한 명 한 명이 자기 업무의 효율성
을 평가할 필요가 있다.

이러한 도구들은 《경영의 실제》에 소개되고 기업 컨설팅에 사용하
는 드러커식 **매니지먼트 스코어카드**, 즉 매니지먼트 성과평가제도라
고 할 수 있다(부록 참고). 곧 고객 창조라는 기업의 목적과 그 목표인
사회적 책임을 다하기 위해 오케스트라를 지휘하는 악보에 해당한다.

단, 목표를 설정해도 사람이 일하지 않으면 조직은 제 역할을 다
하지 못한다. 여기서는 **경영자의 편지**를 활용해야 한다(부록 참고). **지
식근로자의 자주적인 의욕이 발동해야만 조직 전체가 제대로 기능한다.**
연주자들이 연주를 잘 해야 비로소 오케스트라도 멋진 음악을 완성
할 수 있다.

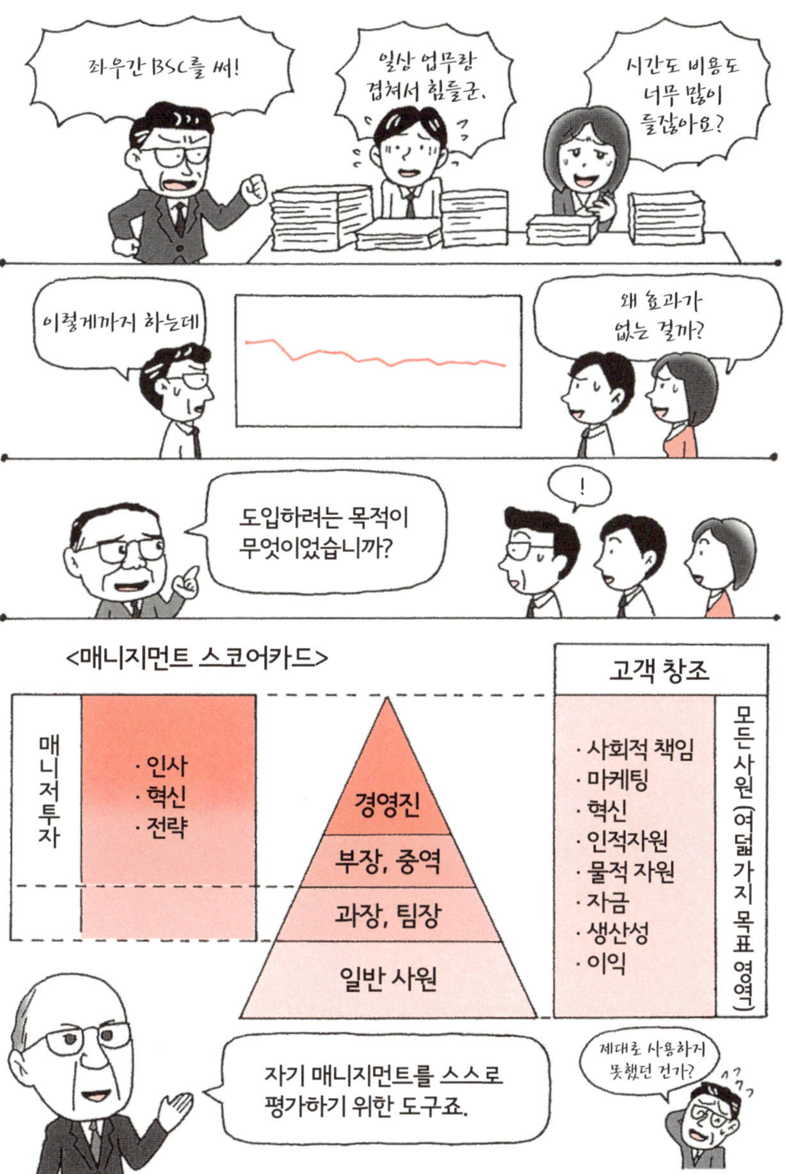
좌우간 BSC를 써!
일상 업무랑 겹쳐서 힘들군.
시간도 비용도 너무 많이 들잖아요?
이렇게까지 하는데
왜 효과가 없는 걸까?
도입하려는 목적이 무엇이었습니까?
!
<매니지먼트 스코어카드>
고객 창조
매니저 투자
· 인사
· 혁신
· 전략
경영진
부장, 중역
과장, 팀장
일반 사원
· 사회적 책임
· 마케팅
· 혁신
· 인적자원
· 물적 자원
· 자금
· 생산성
· 이익
모든 사원 (여덟 가지 목표 영역)
자기 매니지먼트를 스스로 평가하기 위한 도구죠.
제대로 사용하지 못했던 건가?

▶ **다섯 가지 중요한 질문(Five Most Important Questions)**

《매니지먼트》에 등장하는 내용으로써 사업 전략을 수립하는 데 필요한 기본적인 질문을 말한다. '목적과 사명' '고객' '고객이 요구하는 가치' '성과' '계획' 등 다섯 가지 질문은 모든 조직의 전략에 활용할 수 있다.

▶ **경영진(Top–Management Team)**

CEO나 중역 등의 간부로 구성된 최고 운영 조직. 경영 회의나 간부 회의의 구성원을 가리키는 경우도 있다.

▶ **매니저 평가표(Scorecard for Managers)**

매니지먼트의 네 가지 분야인 '투자' '인사' '혁신' '전략'에 대해 임무를 적절히 수행했는지 매니지먼트 담당자를 평가하는 도구.

▶ **정보 기반 조직(Information–Based Organization)**

지식근로자가 일하는 조직의 바람직한 모습을 말한다. 《프런티어의 조건》에 등장하는 용어. 전원이 지식을 공유하면서 정보를 중심으로 설계된 일을 하므로 조직은 네 개의 계층 이하의 수평적 형태가 된다고 드러커는 말한다.

▶ **정보 책임(Information Responsibility)**

경영자를 포함한 모든 지식근로자가 자신이 보유, 발신하는 정보에 대해 갖는 책임을 말한다. 《넥스트 소사이어티 *Managing in the Next Society*》(한국경제신문, 2002)에 등장한다. 정보 책임을 갖기 위해서는 모두가 정보를 읽고 쓸 수 있는 능력(정보 리터러시)을 갖추어야 한다.

▶ **자기목표관리**(Management by Objectives and Self-Control)

'회사의 목표에 따라 자신의 목표를 자주적으로 결정한다. 결과도 직접 평가하며 스스로 성장시킨다'는 취지의 드러커가 말하는 목표 관리 사고방식이다. 목표를 강요하거나 부하를 관리하기 위한 목적이 아닌 어디까지나 목표를 스스로 관리하기 위한 도구다.

▶ **경영자의 편지**(Manager's Letter)

목표를 스스로 관리하기 위한 도구의 하나로서, 부하가 상사에게 쓰는 편지 형식의 보고서다. 습관화되면 부하의 목표와 그 실행에 방해가 되는 요소 등을 상사와 면담을 통해 확인할 수 있다.

▶ **ISO26000**

사회적 책임에 관한 국제적 가이드라인. 환경보호, 생물 다양성의 보호, 법률준수, 다양한 문화 및 가치관 보호 등 현대의 사회적 책임에 대한 지침을 제시하고 있다.

▶ **여덟 가지 목표 영역**(Objectives in 8 Key Areas)

경영전략을 실현하기 위해 제시된 목표 영역으로써 마케팅, 혁신을 포함한 여덟 가지로 구성된다. 목표 간의 균형을 이야기하고 있다는 점에서 BSC(균형성과평가제도)의 원류로 여겨진다.

▶ **매니지먼트 스코어카드**(Management Score Card)

일종의 매니지먼트 성적표. 드러커가 컨설턴트로 일할 당시의 사고방식이 들어 있다. 주로 경영 팀에 초점을 맞춘 '매니저 평가표'와 직원을 위한 '여덟 가지 목표 영역'을 이 책의 저자인 모리오카 겐지가 독자적으로 조합한 도구다.

함께 읽으면 좋은 드러커의 책

▶ 《비영리단체의 경영 *Managing the Nonprofit Organization; 1990*》(한국경제신문, 1995)

비영리단체란 영리를 목적으로 하지 않는 조직을 말한다. 조직의 목적에 이끌려 모인 사람들의 선의로 운영된다. 현실은 그렇게 만만치 않음을 이 책에 등장하는 사람들의 실제 체험이 말해 준다. 활동 자금만이 아니다. '아무도 따라오지 않는다' '경쟁이 심하다' '비전이 보이지 않는다' '다음 리더가 없다' 등의 무수한 문제들을 극복하고 자신을 성장시키는 방법에 대해 드러커는 생각한다.

▶ 《미래기업 *Managing for the Future; 1992*》(한국경제신문, 1992)

이 책의 예언대로 사람들은 매일 아침 만원 지하철을 타고 도시의 고층 빌딩으로 출근하고 있다. 읽고 있으면 마치 드러커와 토론하고 있는 기분이다. 매니지먼트나 조직에 대해서뿐 아니라 리더십이나 사람에 대해서도, 이미 알고 있는 듯한 이야기지만 과연 현실에서는 어디까지 통용될지는 의문이다. 드러커에게 직접 질문을 던지면서 읽다 보면 취해야 할 행동까지 눈에 그려진다.

▶ 《자본주의 이후의 사회 *Post-Capitalist Society; 1993*》(한국경제신문, 2002)

수백 년에 한 번, 역사는 크게 달라진다고 한다. 돈으로 살 수 없는 것에서 가치를 발견하는 새로운 사회가 구축되고 있다. 이 변화가 '매니지먼트 혁명'이며 우리가 그 주역이다. 과거와 미래를 동시에 보여 줌으로써 우리의 능력을 깨닫게 하는 드러커는 자원봉사와 교육을 통해 사회가 변화되어야 한다며 책을 마무리한다. 각계 지도자 후보들의 필독서.

▶ 《생태학적 비전 *The Ecological Vision; 1993*》(국내미출간)

40년 이상에 걸친 논문 중에서 드러커 본인이 엄선한 것을 수록했다. 기술과 정보가 사회에 미치는 영향에서부터 조직과 사회의 관계, 조직과 사람의 관계 등 매니지먼트의 본질을 가르쳐 준다. 처음으로 자신을 '사회생태학자'라 부른 저서이기도 하다.

Part 5

혁신 리더를 위한
매니지먼트 고급

드러커 매니지먼트 고급편.
지금까지 배운 매니지먼트 전부를 사회와 조직,
또한 자기 성장을 위해 활용하는 법을 배운다.
매니지먼트 5단계에 해당한다.

이 파트에서 익힐 내용

드러커의 매니지먼트 이론 중 혁신 리더로서 알아 두어야 할 매니지먼트를 배운다. 혁신 리더(innovator)란 자진해서 좀 더 나은 사회를 만들어 나가고자 노력하는 사람을 말한다.

● 사회와의 연을 끊을 수 없는 창업, 그리고 제2의 인생

일하는 사람이라면 누구든지 어느 시점에서 제2의 인생(본업과 상관없는 별도의 일을 하거나, 퇴직 후에 다른 일을 하며 사는 삶)을 걷게 된다.

이 과정은 CEO의 마음자세로 일하는 기업가 정신의 단계에서 직접 사회에 작용하여 사회를 바꾸어 나가는 혁신 리더의 단계까지 성장하는 과정이기도 하다. 이 절차를 다 밟아 준비가 되었을 때 비로소 '스스로 새로운 것을 시작한다'라는 넓은 의미에서의 창업을 몸소 체험할 수 있게 된다.

그때까지 하던 일을 계속하면서 사회복지기관에서 자원봉사를 할 수도 있고 조직에서 벗어나 자기 사업체를 차릴 수도 있다. 혹은 현 직장에서 정년까지 다 마친 후에 제2의 인생을 시작할 수도 있다.

정년 이후는 사회와의 관계를 유지하면서 인생을 마무리하는 시기이기도 하다.

직접 새로운 일을 시작하려면 매니지먼트 전체를 행동으로 나타내야 한다. 조직 또는 사회와 맺어 온 관계도 지금까지와는 크게 바뀌기 때문에, 드러커가 설명한 매니지먼트의 의미를 재인식할 수 있는 단계이기도 하다.

혁신 리더로서 맞는 제2의 인생이라면 분명 참된 자기 성장과 인생의 성취감을 맛볼 수 있을 것이다.

Step 41
제2의 인생을 살고 싶다

내가 하고 싶은 일을 해보고 싶다. ▶▶

지금 하는 일에 딱히 불만을 가지고 있는 건 아닙니다. 하지만 다른 분야에 도전해 새로운 내 능력을 발휘해 보고 싶습니다. 나만의 멋진 제2의 인생을 어떻게 준비해야 할까요?

누구나 제2의 인생에 관심이 있다

한국인의 평균수명은 남성 75.84세, 여성 82.49세, 평균 79.05세다 (출처: CIA World Factbook 2011). 정년을 60세라고 할 때, 그 후의 약 15년 동안 연금에만 의지해서 사는 것은 힘들 것이라는 생각이 충분히 들 수 있다.

아니면 재직 중에라도 자신의 가능성에 도전해 보고 싶다고 생각하는 사람 또한 얼마든지 있을 수 있다.

제2의 인생을 충실히 살고 있는 사람

한국 해비타트를 이끌고 있는 이창식 회장은 은행, 보험, 증권 등의 분야에서 38년 동안 일해 왔다. 푸르덴셜투자증권 부회장을 끝으로 금융계를 떠나 본격적으로 NPO 활동을 시작한 것이다. 그는 어려운 이웃에게 집을 지어 주는 단체인 해비타트 활동을 하면서 현역 시절 못지않게 바쁘게 보내고 있다. 금융회사 CEO에서 NPO CEO로 변신한 것이다.

초등학교에서 30여 년간 교사 생활을 한 장태환, 김선 부부는 명예퇴직을 신청하고 파라과이로 떠났다. 학교를 다니지 못하는 현지 아이들을 가르치기 위해서다. 많은 사람들이 이 부부의 노년에 대해 우려했지만 그들은 어려운 이들을 돕는 삶을 통해 펼쳐질 제2의 인생이 설렌다고 한다.

• • •
젊을 때부터 생각해야 할 세 가지 제2의 인생*

드러커는 우리가 추구하는 자기 성장이나 사회와의 유대가, 조직에서 하는 일만으로는 채워지지 않음을 알았다. 그래서 다음과 같은 **제2의 인생**을 젊을 때부터 생각해 두어야 한다고 설명하였다.

(1) 지금보다 더욱 사회에 공헌할 수 있는 조직으로 옮긴다.

(2) **NPO(Non-Profit Organization, 비영리단체)** 같은 곳에서 봉사 활동에 참여한다.

(3) 스스로 **사회적 기업가(사회문제를 해결하는 기업가)**가 되어 NPO

　　를 운영한다.

　무엇보다 각자 가진 '사회에 공헌하고 싶다'는 마음을 소중히 여기는 것이 중요하다.

*참고:《21세기 지식경영》

충실한 제2의 인생을 위한 충분한 준비

　제2의 인생은 기운차게 조직을 박차고 나가거나 통장의 자금과 정열만 가지고 사업을 일으킨다고 해서 얻을 수 있는 것이 아니다. 충실한 제2의 인생을 보내려면 준비가 필요하다. 인생 설계는 생명보험회사에 맡기는 것이 아니라 스스로 해야 의미 있다.

　더구나 평균수명이 늘어난 오늘날에는 건강과 의욕만 있다면 사회에 유익한 활동을 평생 할 수도 있다. 일할 수 있는 시간이 늘었다는 것은 우리가 **사회와 연결 고리**를 만들고 그 관계를 적용시킬 기회가 늘어났다는 의미기도 하다. 더 나은 조직과 사회를 만들기 위해 자기 자신을 매니지먼트하는 것이 중요하다.

제2의 인생을 살고 싶다

(1) 지금보다 더 사회에 공헌할 수 있는 조직으로 옮긴다.
(2) 본업을 계속하면서 자원봉사에 참가한다.
(3) 사회적 기업가가 된다.

Step 42
벤처로 성공하려면?

🎛 **요즘에는 IT 기업의 성공이 눈에 띈다.** ▶▶

성공하는 벤처 중에는 구글을 비롯해 IT 관련 기업이 두드러집니다.
IT쪽이 창업 비용도 적게 들고 다른 업계보다 성공하기 쉽다고 합니다.
IT 분야 외에 벤처로 성공할 수 있는 길은 없을까요?

IT 기업만 성공하는 게 아니다

사회적 기업 딜라이트는 당시 대학생이었던 김정현 대표가 창업한 벤처회사다. 온라인 판매와 선주문으로 가격 거품을 빼고 저렴한 가격에 생활이 어려운 이들을 우선 대상으로 공급하는 사업을 했고, 이러한 전략은 성공했다.

최근 열풍을 일으킨 소셜 커머스도 성공 사례로 꼽을 수 있다. 한국 소셜 커머스 시장의 50퍼센트 이상을 차지하는 티켓몬스터는 국내 업체다. 신현성 대표는 미국의 그루폰에서 아이디어를 착안하여 우리에게는 생소한 사업 아이템이었던 소셜 커머스를 처음으로 선

보였다. 매일 상품이 업데이트되고 반값 판매 행사 등의 마케팅 전략으로 고객층이 두텁다.

성공하는 벤처의 조건*

벤처 사업이 성공하려면 다음의 조건을 갖추어야 한다고 드러커는 말한다.

(1) 시장의 반응을 철저히 읽어 기회로 연결시킨다.

- 제품이나 서비스에 대한 고객의 소리(특히 상정하지 않았던 소리)에 즉각 반응하여 제품과 서비스만이 아닌 제공 방법까지 신속히 개선한다.

(2) 재무관리가 되어 있다.

- 재무의 사무 처리가 탄탄하다(특히 자금 변통). 영업 활동에 필요한 현금이나, 광고 홍보 및 중요한 계약과 같은 '승부'에 필요한 자금이 준비되어 있다.

(3) 창업자가 사업의 성장을 막지 않는다.

- 창업자가 사업의 장래 및 자기 역할에 대해 경영진과 상담하여 결정한다. 창업자가 할 일이 없다거나 사업을 성장시킬 의지가 없을 경우 스스로 물러날 것에 대해서도 검토한다.

(4) 창업 전부터 경영진들은 서로 신뢰를 쌓으며, 창업 후에는 각자의 강점 분야에서 역할과 책임을 다한다.

(5) 외부에 신뢰할 수 있는 조언자가 있다.

● 창업자와 경영진이 상담 및 조언을 구할 수 있는 사람이 외
부에 있다.

벤처 사업의 경우 대개 회사명조차 시장에 알려져 있지 않으므로
새로운 제품이나 서비스를 이해시키는 것만 해도 보통 일이 아니다.
당연히 자금과 인재 부족에 시달리기 쉽다. 이러한 과제를 극복하여
성공하려면 실패 위험을 줄이기 위한 대책을 강구해 두어야 한다.

*참고:《미래사회를 이끌어가는 기업가 정신》15장

●●●
매니지먼트가 없으면 벤처는 실패한다

벤처에 대한 사회의 기대는 높다. 의료나 교육 분야, 생명화학이
나 양식업 분야에서는 실제로 IT를 활용해 변화가 크게 일어났다고
드러커도 말하고 있다.

벤처 사업에는 뛰어난 기술과 아이디어, 풍부한 자금과 인맥이 있
어야 한다. 이것 중 어느 하나만 부족해도 실패할 위험이 많다.

물론 벤처 성공에 있어 무엇이든 성취해 내고자 하는 **기업가 정신**
이 가장 중요한 요소다. 그러나 그것만 가지고는 부족하다. 뛰어난
기술이나 아이디어를 고객 창조의 사업으로 성립시킬 **매니지먼트가
필요**하다.

벤처로 성공하려면?

역시 애플은 대단해.
구글도 무적이야.
창업은 역시 IT인가?
성공 요인이 뭐지?
IT 기업만 벤처로 성공하는 것은 아닙니다.
분야에 관계없다고?
벤처 성공의 조건은,
과연 그런가?
직장인 드러커의 생활
(1) 시장 반응에 신속히 반응한다.
(2) 재무 관리가 탄탄하다.
(3) 창업자가 성장을 방해하지 않는다.
(4) 경영진 간에 신뢰가 돈독하다.
(5) 사외에 믿을 수 있는 조언자가 있다.
창업과 지속 가능성을 생각해야 하는구나!
벤처에도 매니지먼트가 필요합니다!
기업가 정신
벤처 성공의 조건

Step 43
창업하고 싶다

🗨️ **창업해서 기량을 펼치고 싶다.** ▶▶

회사에서 제가 가진 능력을 충분히 발휘하지 못해 답답합니다. 창업을
하면 제 기량을 마음껏 펼칠 수 있을 것 같습니다. 하루빨리 창업에 도전
해 보고 싶은데 어떤 준비가 필요한가요?

즉흥적으로 창업해서는 안 된다

사업 아이디어가 있다고 '좋아! 한번 해볼까' 하는 식으로 창업을
해놓고서 경영에 어려움을 겪는 사례가 드물지 않다. 좋은 아이디어
를 갖고 있는 것과 사업을 운영하는 것은 또 다른 차원의 문제다.

창업에 앞서 관련 사업에 대해서 주도면밀하게 조사하고 어떠한
매니지먼트를 해야 하고, 발생할 수 있는 문제는 무엇인지 철저하게
준비해 두는 것이 창업을 성공시키는 첫걸음이다.

모험심만 가지고 창업해서는 안 된다

창업은 사회에 일종의 혁신을 일으키는 행동이다. 그것이 사회적인 요구에 부합하는 사업이라면 꼭 성공시켜야 한다.

창업에는 위험이 따르기 마련이지만 그렇다고 단순한 모험이 되어서는 안 된다. **가능한 한 리스크를 최대로 줄이고 창업하는 것이 기업가 정신**이라고 드러커는 말한다.

기업가 정신을 터득하기 위해서는 현재 몸담고 있는 조직에서 마케팅과 혁신에 대한 경험, 실적을 최대한 많이 쌓아야 한다.

조직 안에서도 '기업가 정신'을 터득할 수 있다

드러커는 **기업가 정신은 곧 실천**이라고 말한다. 또한 기업가 정신에서는 마케팅과 혁신이 중요하다고 한다.

마케팅은 고객의 필요를 채우는 일이므로 조직 속에서 얼마든지 체험할 수 있다. 고객과 직접 대면하는 직장이 아니더라도 '작업의 결과물을 이용하는 사람'이라는 시점에서 보면 사내에도 고객과 같은 존재가 있을 것이다. 그러므로 관계 부처를 비롯해 상사나 부하, 동료들에게 요구사항을 듣고 어떻게 하면 그 요구를 채워 줄 수 있을지 생각하고(마케팅), 그 필요에 부응하기 위해 새로운 묘안을 짜내도록 해본다(혁신).

리더십을 발휘하면서 이러한 과정을 실천한다면 자기 훈련도 되고 현재 하는 일을 통해 기업가 정신도 체득할 수 있다.

조직에 있으면서 창업에 필요한 매니지먼트를 배워야 한다

창업해서 성공하려면 앞에서 살펴본 **벤처의 성공 조건**을 충족시켜야 한다. 고객과 시장에 맞는 제품과 서비스, 그 제공 방법에 초점을 맞추어 예산을 세워 두거나 창업자 본인의 역할을 명확히 세워야 한다. 그리고 경영진 후보와 신뢰할 수 있는 외부 조언자도 살펴 두어야 한다.

드러커는 창업에 강점이 되는 경력으로서 5~10여 년의 경영 관리 경험, 또는 대기업에서 5~8여 년의 업무 실적을 들고 있다.

기업가 정신은 매니지먼트 없이 지속되지 않는다. **조직에서 몸담고 있는 동안에 매니지먼트를 배우는 것**이 창업을 위한 기본적인 조건이다.

창업하고 싶다.
더 이상 못 참아!
사표
조직에 있는 동안에 매니지먼트를 마스터합시다.
충동적인 창업은 안 됩니다.
사표
좋아! 하는 거야!
START
마케팅
혁신
경험을 많이 쌓읍시다.
창업
경영 관리
창업에 지름길은 없습니다.

Step 44
NPO 같은 사회복지기관에서 봉사하고 싶다

당장이라도 사회에 도움이 되고 싶다. ▶▶

회사 생활 외에 다른 분야에 관심을 가져 보고 싶습니다. 최근 사회복지
기관에서 봉사하는 이들을 많이 소개하더군요. 저도 봉사활동을 통해
제 능력을 사회에 나누고 싶습니다.

동기를 소중히 한다

봉사자를 모집하는 노인복지시설 가운데는 자원봉사했던 실적을
바탕으로, 봉사자가 나중에 해당 시설에 입주할 때 입주금을 할인해
주는 등 우대하는 경우가 있다. 고령자를 보살피고 봉사했던 만큼
본인이 나이가 들었을 때 조금이나마 도움을 얻을 수 있다.

사회복지기관의 목적은 사람을 변화시키는 것이다

드러커는 NPO(Non-Profit Organization, 비영리단체)와 같은 **사회**

복지기관의 목적은 사람을 변화시키는 것이라고 말한다. 학교는 교육을 통해 사람을 변화시켜 더 나은 인생을 살 수 있도록 하며, 병원은 아픈 사람을 건강한 사람으로 바꾸는 것을 목적으로 한다.

'보험, 의료 또는 복지' '사회교육 추진' '건전한 아동 육성' '마을 만들기 추진' '환경 보전' '학술, 문화, 예술, 스포츠 진흥' 등 다양한 분야에서 NPO가 활동한다.

사회와 사람들이 안고 있는 과제를 해결하려 노력하고 있는 이들 단체는 더 나은 사회를 만들기 위해 없어서는 안 될 존재다. 이런 NPO와 같은 사회복지기관이 담당하는 사회적 역할은 기업과는 다른 의미에서 매우 중요하다.

직장 커뮤니티에는 한계가 있다

사람은 사회와 관계 맺지 않고 살아갈 수 없는 사회적 동물이다. 이것을 부정하는 사람은 없을 것이다. 또한 더 좋은 사회를 만들고 싶다고 생각하지 않는 사람도 없을 터이다.

드러커도 기본은 같다. 그는 제2차 세계대전 당시 더 나은 사회를 만들기 위한 유대의 기반을 기업의 직장 커뮤니티에서 찾았다. 그러나 경영 활동 장소인 직장에서는 유대를 맺는 데 한계가 있음을 알게 되었다.

시민성은 근로자의 성취감을 높인다

지식근로자가 직장에서 더이상 일에 대한 성취감을 얻을 수 없게 되면 그 빈 곳을 메우기 위해 사회 봉사로 눈을 돌리게 된다. 정부의 역할보다는 시민 개개의 사회 참여에 기대를 품게 된다. '사회의 유익을 위해 나는 무엇을 할 수 있을지'를 생각해서 행동하는 **시민성**을 되찾는 시대이기 때문이다. 드러커는 시민성을 설명하는 한 예로서 **'국민의 국민에 의한 국민을 위한 정치'**를 설파한 **링컨**(1809~1865, 16대 미국대통령)을 들고 있다.

드러커가 NPO에서 새로운 희망을 발견한 시기는 1950년대라고 알려져 있다. 사회복지기관이 사회의 필요를 충족시키고 사회의 과제를 해결해 가는 모습을 본 드러커는 더 좋은 사회를 실현해 나가는 시민활동의 중요성을 깨달은 것이다.

사회 참여를 통해 시민성을 높이는 것은 곧 개인적 만족감도 높여준다. 개인의 만족감, 자존감을 높이는 것은 또한 지식근로자로서의 일에 대한 능률, 긍정적인 마인드로 기업의 입장에서도 플러스 요인이 된다.

결국 사회봉사를 통한 사회 참여는 기업의 생산성 향상과도 무관하지 않으므로 기업 차원에서도 권할 만하다.

좀 더 사회에 공헌하고 싶다.
새로운 방식으로 성장하고 싶다.
사회에 공헌하려는 마음은 소중한 것이죠.
NPO 같은 사회복지기관의 목적은 '삶의 질'을 높이는 것입니다!
국민의 국민에 의한 국민을 위한 정치
나는 우리 사회를 위해 뭘 할 수 있지?
시민성을 되찾음으로써 삶의 보람을 얻을 수 있습니다.
사회 공헌을 통한 관계
경제활동을 통한 관계

Step 45
NPO 같은 사회복지기관을 성공시키고 싶다

적극적으로 사회 공헌을 하고 싶다. ▶▶

하던 일에도 이제는 질렸습니다. 좀 더 사회를 위해 일하고 싶습니다.
큰맘 먹고 NPO를 설립해서 사회를 위해 일하고 싶은데 NPO를 성공
시키려면 어떤 점에 주의해야 할까요?

일반 기업처럼 운영해서는 실패한다

일반 기업과 달리 NPO는 경제적인 동기를 중심으로 운영할 수 없
다는 점이 분명히 정해져 있다. '월급은 스스로 벌어라'라는 말이 통
하지 않고, '조직의 짐이 되지 말라'는 말의 의미도 NPO에서는 전혀
달라진다.

NPO에서도 리더십과 마케팅이 관건이다

NPO는 풍성한 사회를 만들기 위해 존재한다. 조직원 모두가 목적

과 사명을 가지고 이루어졌으며 그러한 마음을 항상 새기고 활동하면서 구성원 간 유대를 형성한다. 이러한 조직을 성공시키기 위해서는 **리더십과 마케팅 전략이 중요**하다고 드러커는 말한다. 먼저 조직의 목적과 사명을 실현시킬 리더가 필요하며, 리더는 조직의 과제와 기대에 부응할 능력을 반드시 갖추어야 한다.

구체적으로는 사람의 의견을 진지하게 듣고, 자기의 의지를 분명히 전달하며, 변명을 하지 않고, 사심 없이 '우리'라고 발언할 수 있는 자세가 요구된다.

또한 드러커는《비영리단체의 경영》에서 코틀러와 나눈 대화를 통해 'NPO에서도 틈새시장(규모가 작은 시장)에 초점을 맞춘 마케팅 전략이 성공한다'라고 지적하였다.

이익을 추구하는 일반 기업과는 경영전략이 다를 수 있지만, NPO에서도 구성원을 이끄는 힘과 좋은 파트너십을 이끌 참여자를 유도하기 위한 마케팅은 중요 요소인 것이다.

자금 확보를 위해 필요한 일 *

NPO는 일반적으로 자금이 부족해 어려움을 겪는다. 따라서 먼저 자금원을 확보할 필요가 있다. 자금원 확보에 성공하려면 다음과 같은 방법을 쓸 수 있다. '조직의 이사가 솔선해서 매년 기부를 한다' '기부 예상자에게 조직의 독자성을 명확히 설명한다' '거액 기부자에게 편중하지 않고 개인 기부자의 수를 늘린다' '기부자에게는 조직의 활동에 참가하도록 유도한다' 등.

물론 구성원 전원이 조직의 목적과 사명을 강하게 자각하고 있어야 한다는 것이 전제다.

*참고: 야마기시 히데오 편저,《미국의 NPO》

●●●
'다음 사회'의 주역

NPO의 성과는 '사회의 과제를 얼마나 해결했는가'로 측정할 수 있다. 학교라면 배운 학생, 병원이라면 치료한 환자로써 매니지먼트의 성과를 측정하는 것이다. 연구회나 동호회와 같은 임의 단체라도 한 사람 한 사람에게 역할을 부여해 커뮤니티의 유대 관계를 구축할 수 있다. **이러한 유대는 다음 사회(Next Society)를 구축하기 위한 하나의 힘**이 된다. 드러커는 NPO가 지식근로자들에게 의미 있는 커뮤니티가 되어 줄 수 있다고 보기도 했다.

☺ NPO 같은 사회복지기관을 성공시키고 싶다

Step 46
퇴직하면 혼자 조용히 지내고 싶다

정년퇴직이 머지않아 퇴직 후를 생각하게 됩니다. 일을 하면서 특별히 체력을 소진한 것은 아니지만, 그래도 퇴직 후에는 여행을 다니거나 등산, 골프와 같은 취미생활로 느긋하게 보내고 싶습니다.

사회와의 연결 고리는 끊어지지 않는다

살아 있는 한 누구든 세계 경제나 환경문제, 정치, 지역사회와의 관계를 끊을 수 없다.

요즘 같은 세상에서는 외부와 연결을 완전히 끊고 혼자 지내기란 어려운 일이다. 분재도 오래 하다 보면 전시회에서 평가받고 싶어질 테고 골프를 치더라도 동료가 생기기 마련이다.

사회와는 원만한 관계를 유지하는 것이 좋다.

드러커는 95세에도 현역이었다

드러커는 95세 생일을 맞았을 때에도 **은퇴란 없다**고 말했다. 실제로 정년 후에도 대학에서 강의하거나 논문을 쓸 뿐 아니라 3년마다 주제를 바꾸는 학습의 일환으로 극작가 셰익스피어, 소설가 발자크에 대한 연구를 계속했다. 한 인터뷰에서 "한가할 때는 무엇을 하십니까?"라는 질문에 "한가할 때라는 게 어떤 때죠?"라며 반문했다는 에피소드도 있다. **드러커는 평생 현역의 자세를 잃지 않았다.**

제3의 인생도 있다

많은 나이에도 현역에서 활발하게 일하는 사람들이 늘고 있다.

탤런트 이순재는 1934년 생으로 신체적 나이에 아랑곳하지 않고 연극, 드라마, 시트콤, 영화에서 왕성하게 활동하며 다양한 캐릭터를 소화하고 있다. 77세에는 책을 발간하기도 했다. 가수 송해는 84세인 2011년 추석에 최고령 단독 콘서트를 열었다. 영국의 세계기네스협회에 연예인 최고령 단독 콘서트 인증에 도전하기도 했다. 이기옥 할머니는 88세로《나는 내 나이가 좋다》라는 책을 냈다. 67세에 방송에 데뷔하고 70세에 화단에 입문한 전력도 있다.

나이에 상관없이 청년 못지않은 열정으로 끊임없이 새로운 것에 도전하고 자기가 가진 재능을 펼치는 신노년들이 늘고 있는 것이다.

정신적 성장에 정년은 없다*

사람의 성장에는 정신적 측면과 기술적인 측면이 있다. 드러커는 **정신적 완성을 추구하는 자신의 성장에서 나이는 크게 문제가 되지 않는다**고 말하였다. 레오나르도 다빈치는 평생동안 조각, 회화, 건축, 과학, 수학 등의 여러 분야를 연구했다. 또한 완벽한 작품을 남기기 위해 평생 동안 작품 활동에 매진했다. 그는 〈최후의 만찬〉, 〈모나리자〉 등 훌륭한 예술적 작품을 남기기도 했지만, 만년에 그가 남긴 인간 신체의 구조 및 해부학적 소묘는 과학 및 의학 발전에 큰 영향을 끼쳤다. 워렌 버핏도 80세가 넘은 나이에도 기업인의 자리를 지키며 현역으로 뛰고 있다. 주세페 베르디가 80세에 작곡한 오페라 〈팔스타프〉는 세기의 역작으로 오늘날에도 큰 감동을 전해 준다.

예술, 예능, 공예와 같은 분야에는 인간문화재가 있고 문화훈장도 있다. 신체는 쇠퇴하지만 정신적인 성장에는 실로 '살아 있는 한 정년은 없다'고 말할 수 있다.

지역의 봉사활동에 참가하거나 취미 모임에 가담해도 역할과 책임을 얻을 수 있다. 그곳에도 선배와 후배, 책임자가 있을 것이다. 따라서 일찍이 터득한 매니지먼트가 거기서도 큰 도움이 될 것이다. 이러한 사회적 커뮤니티에서 역할을 맡음으로써 유익한 사회를 만들기 위해 자기 역할을 다할 수 있으며 자기 자신의 성장도 기대할 수 있다.

*참고: 《생태학적 비전》 11장

😊 퇴직하면 혼자 조용히 지내고 싶다

Step 47
격변하는 **경영 환경**에
어떻게 대처할까?

20세기와는 확연히 다르다. ▶▶

국내외 사회, 경제 정세가 매일같이 변합니다. 이런 경영 환경의 변화를 어떻게 받아들여야 할까요? IT와 인터넷 기술도 하루하루가 다르고, 경영도 여러 정세에 영향을 받는 것 같아서 정신이 하나도 없습니다.

경영 환경은 근본적으로 어떻게 바뀌었나

출생률이 말해 주듯 인구는 감소하고 있다. 더구나 21세기에 들어 시장과 사회가 급변하고 있어 눈앞의 변화에 사로잡히기 쉬운 상황이다. 단기적인 대책을 생각하는 것도 중요하지만 경영 환경의 근본적인 변화에 대해 분석해 둘 필요가 있다.

21세기의 특징적인 변화는 '정보 혁명'이 가져왔다

국가 간 경영 마찰, 각국 환율을 둘러싼 분쟁, 선진국과 개발도상국 사이의 지역경제협정에 관한 마찰 등 각 나라 간 이해관계는 날이 갈수록 복잡해지고 있다. 환경문제에도 해결해야 할 문제가 수두룩한데다가 자원 보호에 대해서도 글로벌 기업과 국가 간 이해 조정에 난항을 겪는 등 국제경제에서도 어려운 문제가 산더미다. 그러나 한편에서는 기업의 사회적 책임에 대한 새로운 방향성(ISO9004, ISO26000 등)이 제시되고 있다.

저출산 고령화로 인구구조가 변하면서 노동인구는 줄고 고령 노동자는 늘고 있다. 경제적으로는 경기 침체, 주가 하락이 계속되고 있다.

드러커는 인터넷이 세계적인 규모로 확산되면서 경제, 사회에 영향을 미치고 있는 현상을 **정보혁명**이라 부르며, 전자상거래를 종래 산업혁명 당시 증기기관차의 발명에 필적하는 요소로 서술하고 있다. 그리고 이미 조짐을 보이기 시작한 **다음 사회**(Next Society)를 눈앞에 두고 본격적인 정보 혁명은 이제부터 다가올 것이라 말하였다.

노동자와 고객도 크게 바뀌고 있다.

드러커는 '**테크놀로지스트**는 증가한다'고 말했다(Step 13 참고). 테크놀로지스트란 돈보다도 사회적 공헌이나 자기다운 삶을 추구하며, 전문성을 살려 이직을 하면서 정년 후에도 계속 일할 수 있는 사람이다.

한편 자유 출근, 재택근무, 파트타이머 등 근로자들의 근무 형태는 다양해지는 추세다. 지식근로자의 비율이 늘어남에 따라 지식근로자가 동시에 기업, 병원, 학교, 사회단체의 소비자이자 고객이 되어가고 있다. 고령자뿐 아니라 젊은 층의 단독세대가 증가하여 라이프스타일이 다양해지면서, 인터넷 쇼핑이나 통신판매 등 구매 행동에도 변화가 생기고 있다.

이제 지식과 정보의 소유자는 조직보다 고객인지도 모른다. 더구나 세계화의 영향을 받아 시장도 조직도 다원성, **다양성**을 늘리고 있기 때문이다.

경영 환경이 격변하는 오늘날, 이런 조직 외부의 정보에 대한 체계적인 분석과 함께 기업가 정신을 발휘해서 마케팅과 혁신에 힘을 쏟는 것이 중요하다. 현재 모든 조직은 새로운 조직으로 성장해야 한다.

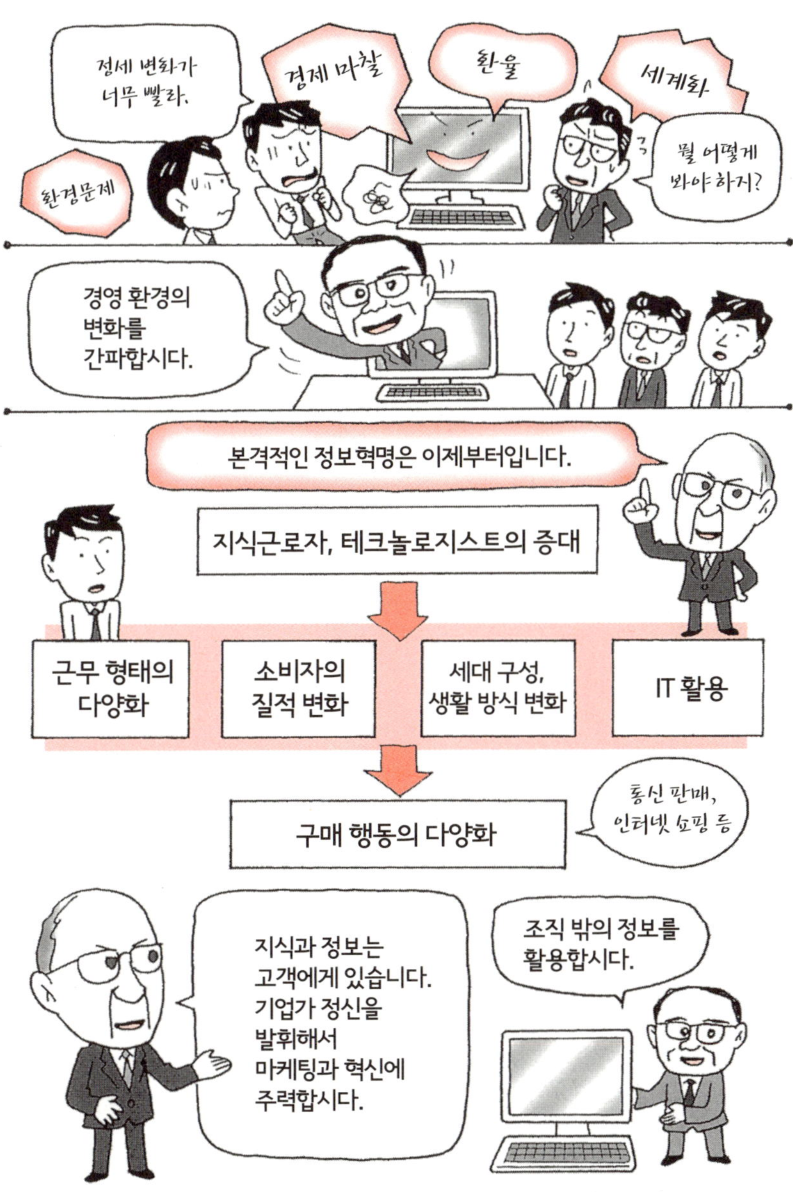
정세 변화가 너무 빨라.
환경문제
경제 마찰
환율
세계화
뭘 어떻게 봐야 하지?
경영 환경의 변화를 간파합시다.
본격적인 정보혁명은 이제부터입니다.
지식근로자, 테크놀로지스트의 증대
근무 형태의 다양화
소비자의 질적 변화
세대 구성, 생활 방식 변화
IT 활용
구매 행동의 다양화
통신 판매, 인터넷 쇼핑 등
지식과 정보는 고객에게 있습니다. 기업가 정신을 발휘해서 마케팅과 혁신에 주력합시다.
조직 밖의 정보를 활용합시다.

▶ 제2의 인생(Second Half of Your Life)

지금보다 더욱 사회 공헌을 할 수 있는 조직으로 옮기거나, 본업 이외에 사회 복지기관의 활동 등 NPO에 참가하거나, 직접 사회적 기업가가 된다는 세 가지 패턴을 드러커는 제시한다.

▶ 벤처(New Venture)

리스크(위험)를 두려워하지 않고 새로운 분야의 사업에 도전하는 일. 이는 기존 기업에서도 가능한 활동으로서 일본에서는 사내 벤처라는 말로 표현된다. 드러커는 기존 기업과 상관없이 새로 일으키는 사업 조직을 '뉴 벤처'라고 부른다.

▶ NPO(Non-Profit Organization, 비영리단체)

공익 등을 목적으로 설립되어 비영리 사업을 영위하는 조직. 재단법인, 사단법인, 사회복지법인, 학교법인, 의료법인, 종교법인, 특정비영리활동법인 등 공공단체의 성격을 띠는 법인과 임의단체나 동호회, 마을회 등 비영리로 사회 공헌 활동을 하는 시민단체가 있다.

▶ 사회단체(사회복지기관)

NPO의 다른 표현. 사람과 사회를 더 나은 방향으로 변화시키는 것이 목적이다.

▶ 시민성(Citizenship)

'공동체나 사회를 위해 무엇을 할 수 있을지' 스스로 생각해서 행동하는 자세. 사회복지기관에 참여하면 사회와 사람을 위해 보탬이 되고 있다는 실감과 보람을 느낄 수 있다.

▶ 사회적 결속(Social Cohesion)

'결합력'(조직적, 심리적, 문화적, 경제적 측면 등)을 의미한다.

▶ **정신적 완벽**(Spiritual Perfection)

지식이 아닌 지혜에 중점을 두어 완벽한 정신을 추구하는 마음자세를 말한다. 살아가는 의미를 묻는 삶의 방식이자 자신을 성장시키고자 하는 의지기도 하다.

▶ **다양성 관리**(Diversity Management)

인사노무 용어. 인종, 성별, 연령, 종교 등에 의해 처우(급여, 직급, 승진 등)에 차별 없이 다양한 사람을 고용하는 것을 말한다. 이와 동시에 드러커는 다원적인(가치관이 다른) 개인, 조직, 국가가 공생하는 사회를 추구했다.

▶ **ISO9004**

품질경영 시점에서 정리된 '조직의 지속적 성공을 위한 운영 관리'에 대한 국제표준화기구(ISO)가 제정한 국제 규격. 고객, 주주, 조직원, 거래처, 사회(법과 규칙 등 요구사항의 엄수, 환경, 윤리 문제)의 기대에 부응하는 조직 운영(경영)에 대한 지침을 제시한다.

▶《아시아에 대한 전망: 피터 드러커와 이사오 나카우치의 대화 *Drucker on Asia: A Dialogue between Peter Drucker and Isao Nakauchi; 1995*》(국내미출간)

드러커가 나카우치 이사오(中內功, 일본의 대표적인 유통회사 다이에의 창업자)와 나눈 편지글을 정리한 책이다. 새로운 사회를 만들 때 필요한 교육과 혁신에 대한 지식, 방향성을 논의한다. 개인, 기업, 사회, 정부가 스스로를 바꾸기 위한 구체적인 방법도 가르쳐 준다. 나카우치의 질문과 견해도 볼 만하다. 친절하게 조언하는 드러커의 글이 감동적이다.

▶《미래의 결단 *Managing in a Time of Great Change; 1995*》(한국경제신문, 1995)

드러커의 인터뷰로 시작되는 이 책은 지식인의 오만함을 바로잡고 매니지먼트를 하는 사람의 동기를 바로잡는다. 이 책의 1부 '매니지먼트', 2부 '정보 기반 조직'을 통해 드러커는《매니지먼트》를 보강, 개선하고 완성도를 높이게 되었다. '진정한 생산성은 어떻게 생겨나는가?' '세계 경제 속의 일본과 중국의 위치는?' 답을 알고 싶다면 이 책을 읽어 보라.

▶《21세기 지식경영 *Management Challenges for the 21st Century; 1999*》(한국경제신문, 1999)

드러커에 따르면 이 책은 독자에게 행동을 촉구하는 매니지먼트 책이다. 21세기의 사회, 정치, 경제의 변화에 따라 새로운 시대를 향한 조직 매니지먼트는 어떻게 바뀌어야 하는가. 또한 자기 자신을 어떻게 매니지먼트해야 할지 알 수 있다. 21세기의 승자가 되기 위해 우리는 무엇을 키워드로 어떤 구체적인 행동을 취해야 할까?

▶《NEXT SOCIETY *Managing in the Next Society; 2002*》(한국경제신문, 2002)

정보 사회를 정면에서 파고들어 '다음 사회'는 이미 와 있다고 우리의 감성에 호소한다. 고용도 조직도 정치도 경제도 모두 변화하는 '이미 일어난 미래'란? '다음 사회'란? '현재 취해야 할 수단'은? 이에 대해 드러커는 알기 쉽게 설명해 준다. 2030년의 사회를 예견할 수 있다.

연도(나이)	사건, 저서
1909 (0)	11월 19일, 빈에서 태어남.
1914 (4~5)	제1차 세계대전(~18) 발발. 초등학교 입학.
1918 (8)	정신분석학의 아버지 프로이트와 만나 악수함. 사립초교로 전학, 담임 엘자 선생님에게 워크북 지도를 받음.
1919 (9~10)	진학 예비학교 김나지움에 입학. 양친이 자택에서 빈번히 저명인을 초대한 파티를 벌여 드러커도 어울리게 된다.
1923 (13)	사회주의자 데모에 참가. 붉은 깃발을 들고 선에 섰으나 도중에 대열에서 빠져 나온다. 종교 선생님에게서 교훈을 받는다.
1927 (17~18)	함부르크의 무역회사 견습. 함부르크대학 법학부에 입학. 작곡가 베르디의 오페라를 보고, 고대 그리스의 조각가 페이디아스의 이야기를 읽고 감명 받는다.
1929 (19~20)	프랑크푸르트의 미국계 투자은행에 증권분석가로 취직, 프랑크푸르트대학 법학부로 편입. 뉴욕 주가가 폭락하여 실직. 세계대공황 발발. 신문기자로 입사. 공부방법론을 체득한다. 편집장에게 정기적으로 업무상황을 재점검하도록 지도받는다.
1931 (21)	프랑크푸르트대학에서 조교수, 국제법 박사학위 취득. 미래의 부인 도리스를 만남.
1932 (22)	히틀러를 여러 번 인터뷰 취재한다.
1933 (23~24)	나치스가 정권을 장악. 런던 이주. 증권 분석에서 전직하여 은행의 시니어 파트너 보좌역으로 근무한다. 경제학자 케인즈의 수업을 청강함.
1937 (27)	도리스와 결혼. 신혼여행을 겸한 선박 여행. 미국으로 이주. 영국 신문사의 미국 특파원으로 활동한다.
1939 (29)	《경제인의 종말 *The End of Economic Man*》(한국경제신문, 2008) 간행. 독일군, 폴란드로 침공, 제2차 세계대전(~45) 발발.
1942 (32)	《산업인의 미래 *The Future of Industrial man*》(국내미출간) 간행. 육군성(陸軍省)의 컨설턴트가 되어 데밍을 스카우트한다. 베닝턴 대학에서 교수가 된다.
1943 (33)	GM에서 의뢰를 받아 18개월 간 조사를 개시. 《기업의 개념 *Concept of the Corporation*》(국내미출간) 간행(1946).
1945 (35)	근세 유럽사를 연구하다가 사회적 기관 두 곳의 성장방법론을 발견한다.
1949 (39)	뉴욕대학 교수로 취임. 초대경영학부장으로 취임. 교수진에 데밍을 권유함.
1950 (40)	《새로운 사회 *The New Society*》(국내미출간) 간행. 경제학자 슘페터를 부친과 함께 방문.

1954 (44)	《경영의 실제 *The Practice of Management*》(한국경제신문, 2006) 간행.
1957 (47)	《내일의 이정표 *The Landmarks of Tomorrow*》(국내미출간) 간행.
1959 (49)	일본 첫 방문. 강연을 위해 하코네(箱根) 세미나에 참가하고 IT와 경영에 관한 이야기를 한다.
1964 (54)	《창조하는 경영자 *Managing for Results*》(청림, 2008) 간행.
1966 (56)	《피터 드러커의 자기경영노트 *The Effective Executive*》(한국경제신문, 2003) 간행. 일본 정부로부터 훈장의 일종인 훈3등서보장을 수여받는다.
1969 (59)	《단절의 시대 *The Age of Discontinuity*》(한국경제신문, 2003) 간행. '민영화'를 제창한다.
1971 (61)	남 캘리포니아 클레어몬트로 이주. 클레어몬트대학 대학원에 매니지먼트과 창설.
1973 (63)	《매니지먼트 *Management: Tasks, Responsibilities, Practices*》(청림, 2007) 간행.
1976 (66)	《보이지 않는 혁명 *The Unseen Revolution*》(단국대출판부, 1981) 간행.
1977 (67)	《상황에의 도전》(다이아몬드사) 간행.
1979 (69)	《피터 드러커 자서전 *Adventures of a Bystander*》(한국경제신문, 2005) 간행. 클레어몬트대학에서 5년에 걸쳐 일본회화 수업을 시작함.
1980 (70)	《격변기의 경영 *Managing in Turbulent Times*》(국내미출간) 간행.
1981 (71)	《새로운 경제학 외 수필집 *Toward the Next Economics and Other Essays*》(국내미출간), 《최후의 가능한 세상 *The Last of all Possible Worlds*》(소설, 국내미출간) 간행.
1982 (72)	《경영자 세계의 변화 *The Changing World of Executives*》(국내미출간) 간행.
1985 (75)	《미래사회를 이끌어가는 기업가 정신 *Innovation and Entrepreneurship*》(한국경제신문, 2004) 간행.
1986 (76)	《프런티어의 조건 *The Frontiers of Management*》(청림, 2011) 간행.
1989 (79)	《새로운 현실 *The New Realities*》(국내미출간) 간행.
1990 (80)	《비영리 조직의 경영 *Managing the Nonprofit Organization*》(국내미출간) 간행.
1992 (82)	《미래기업 *Managing for the Future*》(한국경제신문, 1992) 간행.
1993 (83)	《자본주의 이후의 사회 *Post-Capitalist Society*》(한국경제신문, 1993) 간행, 《생태학적 비전 *The Ecological Vision*》(국내미출간) 간행.
1995 (85)	《아시아에 대한 전망: 피터 드러커와 이사오 나카우치의 대화 *Drucker on Asia: A Dialogue between Peter Drucker and Isao Nakauchi*》(국내미출간) 간행. 《미래의 결단 *Managing in a Time of Great Change*》(한국경제신문, 1995) 간행.
1996 (86)	《보이지 않는 혁명 *The Unseen Revolution*》을 재판하여 베스트셀러가 된다.

1998 (88)	《자본주의 이후 사회의 지식경영자 *Peter Drucker on Profession of Management*》(한국경제신문, 2000) 간행.
1999 (89)	《21세기 지식경영 *Management Challenges for the 21st century*》(한국경제신문, 1999) 간행.
2000 (90)	《*The Essential Drucker*》를 한국과 일본에서 분리하여 《프로페셔널의 조건》, 《변화 리더의 조건》, 《이노베이터의 조건》(전부 청림, 2001), 《미래경영》(청림, 2002) 등 독자적인 시리즈로 출간. *참고: 《*The Essential Drucker*》는 일본과 한국에서 위의 네 권으로 분리 출판했는데 다른 세 권은 모두 같으나 일본에서 출간된 '테크놀로지스트의 조건'이 국내에서는 《미래경영》으로 요약되어 출간되었다.
2002 (92)	《NEXT SOCIETY *Managing in the Next Society*》(한국경제신문, 2002) 간행. 미국 대통령에게 '자유의 훈장'을 받음.
2003 (93)	《기능적 사회 *The Functioning Society*》(국내미출간) 간행.
2005 (95)	〈니혼게이자이신문〉에 "나의 이력서" 연재. 11월 11일 자택에서 숨을 거둠. 이 연재를 책으로 엮은 것이 《피터 드러커 나의 이력서》(청림, 2006)로 간행됨.

연표 참고문헌

●드러커의 저서
－번역서:
　다이아몬드사 간행본. 역자로는 노다 가즈오(野田一夫), 우에다 아쓰오(上田惇生), 나카지마 다카유키(中島崇之), 야마시타 히로시(山下宏). 구노 가쓰라(久野桂), 사사키 미치오(佐佐木美智男), 가자마 데이자부로(風間禎三朗) 등.
　닛케이BP 간행본. 역자로는 유가 유코(有賀裕子) 등.
－원서: 하퍼콜린스(HarperCollins) 외
●고바야시 가오루(小林薫), 《드러커와 나눈 대화(ドラッカーとの対話)》, 도쿠가와쇼텐(德間書店)
●사카모토 가즈이치(坂本和一), 《드러커 재발견(ドラッカー再發見もうひとつの読み方)》, 호리츠문화사(法律文化社).
●야마기시 히데오(山岸秀雄) 편저, 《미국의 NPO(アメリカのNPO)》, 제일서림(第一書林).
●스즈키 고키(鈴木幸毅) 외 저, 《순환형 사회의 기업 경영(循環型社会の企業経営)》, 세무경리협회(税務経理協会).
●오가와 데이조(小川鼎三), 《의학의 역사(医学の歴史)》, 중앙공론사(中央公論社)
●〈2008년도 특정비영리활동법인의 실태 및 인정비영리활동법인제도의 이용 상황에 관한 조사보고서(平成20年度特定非營利活動法人の実体及び認定特定非營利活動法人制度の利用状況に関する調査報告書)〉, 내각부 국민생활국.

◆ 오늘부터 활용한다! 드러커의 매니지먼트 툴

다섯 가지 중요한 질문

경영전략을 수립할 때 조직이 자문해야 할 다섯 가지 질문. **26**장 참고

질문	대답
1. 우리의 목적과 사명은 무엇인가?	착화감이 좋고 피로가 적은 신발을 전 세계에 공급하는 것
2. 우리의 고객은 누구인가?	전 세계인
3. 고객이 추구하는 가치는 무엇인가?	편한 착화감, 발이 피곤하지 않은 것
4. 우리가 말하는 성과는 무엇인가?	고객이 추구하는 가치를 만족시킨다. 시장에서 1위를 노린다.
5. 우리의 계획은 무엇인가?	반년 이내에 창업 준비를 한다. 1년 안에 제품을 만들고 테스트 마케팅을 한다. 1년 6개월 안에 본격 사업 개시.

참고: 《매니지먼트 *Management*》(청림, 2007)

기회와 인재 리스트

혁신의 기회를 놓치지 않고 적어 두어 그에 적합한 인재를 적재적소에 할당하기 위한 표. 정기적으로 적도록 하며(반년에 한 번 정도), 필요에 따라 수시로 기입한다. **24**장 참고

기회 리스트		인재 리스트	
번호	기회 내용	번호	이름
1	새로운 시장이 생겼다	1	□□□
2	신기술 개발 필요성	2	○○○

참고: 《21세기 지식경영 *Management Challenges for the 21st century*》(한국경제신문, 1999)

자기 목표 관리를 위한 일종의 틀. 부하가 상사의 업무 목표를 추측해서 쓰고, 그것을 기초로 자기의 목표를 설정한다. 이 레터를 바탕으로 상사와 면담하고 조직의 방향성과 개인의 목표를 일치시킨다. **31**장 참고

상사 이름: ○○○	기입자 이름: ○○○
상사의 업무 목표	1. 재구매율 증대 2. 신규 고객 획득 (□□건)
나의 업무 목표	1. 연 매출 목표 달성 2. 전략상품 재구매율 높이기 3. 빠른 시일 내에 신입사원 교육
나의 업무에 요구되는 수준	1. 4분기 개인 매출 목표 달성 2. 리피트 매출 전년 대비 15% 늘리기 3. 신입 영업력을 6개월 안에 강화
목표 달성을 위해 해야 할 일	1. 월차 영업 활동 계획 개선 2. 유망 거래처에 우선 영업 전개 3. 상품 및 기술 지식 습득 4. 신입 지도 시간 확보
소속 부서의 방해 요소	1. 신입 교육이 제대로 진행되지 않음 2. 기술 지식을 학습할 기회가 적음
상사나 회사에서 도움이 되는 일	1. 오프사이트 모임 2. 휴게실 운영
방해되는 일	1. 저녁 8시 전에 퇴근하기 어려움 2. 부장 월례회의 자료 작성
목표 달성을 위해 앞으로 1년간 내가 해야 할 일	1. 월간 영업 활동계획 최적화시키기 2. 주간 영업 활동계획 질적 향상 3. 코칭 실천력 높이기

참고: 《경영의 실제 *The Practice of Management*》(한국경제신문, 2006),
《매니지먼트 *Management*》(청림, 2007)

매니지먼트 성적표. 경영 팀의 평가에 초점을 맞춘 '매니저 평가표'와 사원 전원이 의식해야 할 '여덟 가지 목표 영역'으로 구성된다. **40장 참고**

● **매니지먼트 평가표**

분야	기대	결과	평가
투자	신 공장 건설에 의한 매상고 10% 증가	12% 증가	◎
인사	매니저 20명 육성	14명	△
혁신	신제품 개발에 따른 매상 10배 늘리기	100억 증가	○
전략	신규고객 개척 전략으로 신규고객 30% 늘리기	20% 증가	△

참고: 《격변기의 경영 *Managing in Turbulent Times*》(국내미출간)

● 여덟 가지 목표 영역

아래 표는 사용하기 편리하도록 저자가 드러커의 '여덟 가지 목표 영역'과 사업 목적인 '고객 창조'를 적절히 조합해 만들었다.

목표 영역	경영활동의 과제	목표 지표	목표치	실적치	평가
⑦ 사회적 책임	- 사회공헌의 추진 - 재구매율 향상	- 난민 지원액 - 고객 재구매 분석	2억 원 20% 증가	4억 8천만 원 5% 증가	◎ △
① 마케팅	- 웹 마케팅 강화	- 시장 점유율 향상 - 웹 사이트 　가입자수 - 사이트 접근 분석 - 시장 점유 분석 　(점포, 상품)			
② 혁신	- 제품 개발력 　강화 - 생산 거점 개척	- 제품 개발 시간, 　신제품 개발 비용 - 해외거래 강화 　(인도네시아, 중국)			
③ 인적자원	- 인적자원의 충실 - 일반 사원의 　능력 강화	- 이직율 - 회의에서 발언하는 　인원 수			
④ 물적 자원 ⑤ 자금 ⑧ 조건으로서의 　이익	- 자금 조달과 　운용의 효율화 - 미래 비용으로서 　의 이익 확보	- 유이자 부채액 - 당기 이익액			
⑥ 생산성	- 인적 생산성 　향상 - 점포 효율 향상	- 1인당 　활동 고객수 - 점포당 수익성			

참고: 《경영의 실제》(한국경제신문, 2006); 《매니지먼트》(청림, 2007)

우리의 성장과
더 나은 사회를 위해

이 책의 다섯 가지 파트는 오층탑과 비슷한 구조를 이루고 있다. 문화유적을 통해서도 볼 수 있지만, 오랜 세월을 비바람과 온갖 재해에 견딜 수 있는 이러한 건축물의 심장을 이루는 것이 바로 중심 기둥이다. 중심 기둥이 있음으로써 외부의 어떠한 강한 바람이 요동쳐도 탑은 흔들리지 않고 평정을 유지할 수 있다.

바로 이 중심 기둥의 역할을 이 책의 파트 1이 감당하고 있다. 우리가 사회에 나아가 구성원으로 일할 때 가장 기본이 되는 부분이다.

우리 한 사람 한 사람이 매니지먼트를 현실 속에서 활용하는 것이 오층탑을 이루는 것, 그 이상을 쌓아 완성시키는 과정과 같다. 매니

238

지먼트를 어떻게 사용할 것인지, 나와 조직과 사회의 관계를 어떻게 결정할 것인지는 이 책을 읽는 당신 스스로에게 달렸다.

각자의 강점을 일터에서 발휘하여 더 나은 사회를 만들어 가기를 바라 마지 않는다.

책을 집필하는 일에 격려해 주고 자료를 제공해 준 드러커학회 관계자들에게 감사드린다. 덕분에 이 책을 마무리할 때까지 마음이 든든했다.

마지막으로 드러커 선생과 그 가족, 지원해 주신 많은 분들께 진심으로 감사 인사를 올린다.

—모리오카 겐지

피터 드러커가 직장 생활을 한다면?

1판 1쇄 2012년 1월 15일 발행
1판 6쇄 2018년 3월 25일 발행

지은이 · 모리오카 겐지
옮긴이 · 한혜정
펴낸이 · 김정주
펴낸곳 · ㈜대성 Korea.com
본부장 · 김은경
기획편집 · 이향숙, 김현경, 양지애
디자인 · 문 용
영업마케팅 · 조남웅
경영지원 · 장현석, 박은하

등록 · 제300-2003-82호
주소 · 서울시 용산구 후암로 57길 57 (동자동) ㈜대성
대표전화 · (02) 6959-3140 | 팩스 · (02) 6959-3144
홈페이지 · www.daesungbook.com | 전자우편 · daesungbooks@korea.com

ZUKAI DRUCKER NYUMON
by Kenji Morioka
Copyright ⓒ 2011 Kenji Morioka
All rights reserved.
Originally published in Japan by CHUKEI PUBLISHING CO., LTD., Tokyo.
Korean translation rights arranged with CHUKEI PUBLISHING CO., LTD., Japan
through THE SAKAI AGENCY and EntersKorea Co., Ltd.

ISBN 978-89-97396-00-9 (13320)
이 책의 가격은 뒤표지에 있습니다.

Korea.com은 ㈜대성에서 펴내는 종합출판브랜드입니다.
잘못 만들어진 책은 구입하신 곳에서 바꾸어 드립니다.

이 도서의 국립중앙도서관 출판시도서목록(CIP)은 e-CIP홈페이지(http://
www.nl.go.kr/ecip)와 국가자료공동목록시스템(http://www.nl.go.kr/
kolisnet)에서 이용하실 수 있습니다.(CIP제어번호: CIP2011005402)